耕石他山

海外沈周研究论文集

汤志波 主编

人民美術出版社
北京

主 编

汤志波

副主编

徐丹丹 潘德宝 宗千会 李 铀

翻译审校（按姓氏笔画排序）

许 放 应非儿 宗千会 杨 旸 邱函妮 和泉ひとみ

郭启冉 雷雨晴 倪 晨 程博悦 徐丹丹

前言

　　对沈周研究史的回溯总结，不仅要重新梳理明清两代对沈周的接受史，还要回顾民国以来的学术史；不仅要了解国内研究的最新动向，还要关注海外的丰富研究成果。20世纪80年代以来，中外学界逐渐打破隔绝，学术交流日益频繁，但受困于语言的"巴别塔"，海外沈周研究的深度与广度、热点与动向，虽言及也略知一二，但具体又不甚清晰。在这个获取资讯极为方便的网络时代，显得尤其尴尬。因此我们编选了这本小书，从海外沈周研究的专题论文中选录英语、日语、韩语共10篇，涉及美术、书法、诗歌等多个领域，从不同维度讨论沈周的创作与师承、传播与接受等问题。作者身份不一，既有专业的高校教授，也有独立学者和艺术史爱好者；论文风格不限，既有数万字的长篇理论探讨，亦有千余字的精辟考辨。最后附录海外沈周研究的相关论著简目，管窥一豹，或许能为读者了解海外研究动向提供帮助。

　　海外沈周研究在日本起步最早，1892年"骀荡子"发表《沈石田的墨鹭》一文，开启了在日本介绍沈周绘画的先河。兰庄生、横川毅一郎、今关天彭先后移译了沈周的生平交游，大村西崖、米泽嘉圃、原田尾山等人则陆续介绍沈周的画作。日本也较早开始沈周文学研究，著名汉学家青木正儿、吉川幸次郎均有专门的论文讨论沈周诗歌。随后泽田雅弘、中村茂夫、内山知也等学者分别讨论沈周的交游、绘画与诗歌，对中国学界产生过一定的影响。相较于日本学界的文本细读与考据实证，美国学界更多是理论方法、研究视角上的创新，成果主要集中在20世纪下半叶，博士论文已有近10篇，对沈周绘画宗法取尚、家族交游、艺术思想均有较为独到的见解，不过21世纪以来相关研究渐趋冷淡。韩国沈周研究起步较晚，但自20世纪80年代至今也有10余篇硕博学位论文，其中对沈周诗画在朝鲜的传布受容研究，对我们也多有启发意义。回顾海外沈周研究，无论是学术方法、研究路径还是史料的搜集运用，都值得我们借鉴与反思。

　　海外研究成果的译介以专著居多，如刘东主编的《海外中国研究丛书》自1988年至今已出版了约200种，涉及多个学科，惠泽数代学人。而单篇论文的翻译速度、发表空间都相对迟缓逼仄，影响力也远不如专著。早年也有专题论文集的编纂出版，如洪再辛编《海外中国画研究文选1950—1987》（上海人民美术出版社，1992年），在当时还颇有影响，但随即淹没在艺术史、理论史专著的翻译大潮中。近年来论文翻译又重新为学界所重视，不仅刊载译文的栏目版面逐渐增多，甚至还出现了专门的辑刊，如中国艺术研究院美术研究所编《海外中国艺术史研究》（湖南美术出版社，2018年）、蒋寅主编《海外中国古代文学研究译丛》（凤凰出版社，2019年）等学科定位清晰、研究主题明确的译文辑刊先后问世，《世界3》丛书也出版了《海外中国艺术史研究》专辑（上海人民出版社，2020年），显示出学界共同的关注动向。得益于沈周在美术、书法、文学领域的多方面发展，各学科的海外成果为我们提供了广泛的选择范围，本书应该是第一本专人研究的海外论文集，无论是对充实沈周研究还是促进海外汉学交流，都有一定的意义。我们借此抛砖引玉，希望以后有更多的个案研究或专题性论文集被编译出版。

明末瞿式耜（1590—1651）尤嗜沈周，自言："不佞朴樕，无他嗜好，惟与石田先生似有多生种因，尝邂逅梦中。音容謦咳，蔼如平生。已而获见其遗照，方袍幅巾，不异宿觐。固知结爱成癖，非偶然也。"瞿式耜名其斋曰"耕石"，即有"研究沈周"之意，"每得一缣片纸，为稽其岁月，而徐阅其篇咏，恍知当年作者志意之有在，非世之图绘为工者可以同年而语"（《书石田先生集后》）。东海西海，心理攸同，海外这些喜欢、研究沈周的学者，不也是在"耕石"吗？耕石可以在他山，异域何妨有知音，本书名即取此意。

本书原计划收论文多篇，但有些大作我们未能联系上作者，某些则因经费限制只能忍痛割爱，仅附录标题，希望以后能有续编来弥补这个遗憾。本书所收论文均获得了作者及原发表刊物的授权，感谢翁万戈先生及其哲嗣翁以思女士慷慨解囊，帮我们支付了版权费。翻译甫成，惊闻先生仙逝，今权将此书作为一瓣心香，献给先生的在天之灵。感谢"沈周研究青年学者工作坊"伙伴们的支持，秦晓磊博士为本书配图并作了初步校勘，徐丹丹博士在大洋彼岸审阅了全稿，均致以真诚的谢意。

汤志波识于闵行古藤园

2021 年 7 月 7 日

目录

沈周所藏明初绘画与吴派折中复古主义渊源

__ 李 嘉 琳（Kathlyn Maurean Liscomb）

美国芝加哥大学博士，现为加拿大维多利亚大学荣誉退休教授。研究范围涵盖中国艺术史、画论、收藏、不同流派的著名诗人，以及中国艺术对全世界的影响等。著有关于王履绘画与写作的专著《目师华山：一位中医的插图本游记兼及绘画理论》（*Learning from Mount Hua: A Chinese Physician's Illustrated Travel Record and Painting Theory*）及展览图录《中国与世界：东方文化遗产》（*China & Beyond: The Legacy of a Culture*）等。发表多篇文章与书评。

__ 文章出处

"Shen Zhou's Collection of Early Ming Paintings and the Origins of the Wu School's Eclectic Revivalism"，*Artibus Asiae*，1992, Vol. 52, No. 3/4 (1992), pp. 215- 254.

__ 译者简介

雷雨晴，中国美术学院博士研究生，美国哈佛大学访问学者。

在明代（1368—1644），苏州是中国的艺术中心之一[1]。由于聚集了沈周（1427—1509）、周臣（约卒于 1535 年）、文徵明（1470—1559）、唐寅（1470—1524）与仇英（约1505—1552）等一批盛名在外的文士，吴地学脉渊博、富于创造力的声望广为流播[2]。文徵明曾学画于沈周，唐寅与仇英则曾追随周臣学画。尽管现实中他们一直作为吴门画派的画家而为人熟知（"吴"乃是苏州旧称），但此群体却并未形成真正的"画派"。这些画家敏锐地从各方面对中国早期绘画风格进行了重新诠释，共同促成了明代复古主义的繁荣与复兴。

复古（antiquity）在中国绘画领域中并非首次出现，北宋（960—1127）末年由于宋徽宗（1100—1126 在位）以及文人的提倡，这一观念在绘画领域变得十分重要[3]。在元代（1271—1368），对绘画传统的回溯开启了两条不同的路——优雅的保守主义，以及受前代大师启发的自由诠释主义。谢柏轲（Jerome Silbergeld）曾论及在蒙元统治时期，中国画家们吸收了众多早期绘画传统，尤其是南宋（1127—1279）以前的绘画风格[4]。人们常将南宋政治的衰败与其文化联系在一起，因此明代初期的宫廷对于南宋院体画风依旧持排斥态度。尽管南宋画风会引发负面的联想，但许多 15 世纪的画家仍努力重建这一为人忽视的传统。此外，通过对吴镇（1280—1354）、倪瓒（约 1301 或 1306—1374）与王蒙（1301 或 1308—1385）等元代文人画风格进行再度诠释，一些明代画家将与自己相近时代的发展融入自己的作品中。故可供明代画家选择利用的传统与风格，甚至比元代画家更为宽泛。

在其他文章中我曾谈到，明代画家所能依循的传统范围不断扩大乃是因为受到了政治势力的扶持。这种势力也吸引着全国各地的画家涌入当时的都城——南京与北京[5]。这些作品是在特定环境里被创作出来的，皇帝既是赞助人，也时常作为业余画家进行创作。文人士大夫则扮演着画家、赞助人、鉴赏家和批评家等重要角色。然而艺术家与艺术思潮并不仅是单向流入都城，还会从都城自发地流向许多地方中心，包括本文研究的重点——苏州。

传统研究认为沈周是吴门画派的创始人，他借鉴了大量早期的艺术传统以运用到个人的艺术表达中。早期的学界研究多关注沈周通过临摹和重释元代及更早的绘画作品，使前代大师的传统得以延续[6]。而本文将关注沈周对于与其相近年代而非古老传统的兴趣。当学者们思考沈周所受同代画家的影响时，通常都将注意力放在包括其亲友在内的地方艺术家群体中，例如沈周的亲眷，这是因为沈周生活较为富足且从未涉足仕途。我将利用沈周收藏的一批明初绘画作品的记录，重建沈周的个人关系网络以及中国其他地域绘画发展的状况。沈周的收藏中有一套21开的明代册页，他对这套册页极为看重并将其装裱成手卷，但却并未完整地流传下来。即便有个别散佚的册页仍然留存于世，我们也无法辨认它是否曾经属于这套册页。然而，在沈周老师杜琼（1396—1474）[7]的文集中，我们能够找到杜氏为这一组藏品所作的跋文《题沈氏画卷》，其开篇云：

> 右画叶一卷，共二十余纸，皆本朝永乐、洪熙间名士之所作，为吴
> 人沈启南之所集者也。间尝示予观玩，且请识焉。予虽不晓画意，然作
> 画者平生颇知之。[8]

虽然杜琼没有逐件描述其中的画作，但他为每一位画家作了简短的介绍，其中还包括他自己。这不仅为我们提供了每位画家的传记，并且杜琼还对每位画家所偏爱的艺术传统进行了说明。这篇跋文应作于杜琼晚年，因为其中提及了好友夏昶（1388—

1470）的离世。夏昶卒于1470年，此时沈周已43岁并逐渐形成个人化的绘画风格。

　　杜琼的题跋有助于我们进一步了解沈周画风的形成环境。同样重要的是，它表明在晚明有关派别优劣的论辩兴起之前，吴地的艺术氛围催生了吴门折中主义的复兴。有关15世纪的画史叙述甚少，而沈周通过对明初绘画的收藏并将其装裱成手卷，从而重建这段由他"书写"的"准历史"（quasi-history）便显得十分重要。沈周书写的这段"历史"并不容易被"阅读"，因为现今缺少原画可供印证，且许多名噪一时的画家已湮没在历史当中。我根据其他文献资料并结合现存的画作补充了杜琼的记录。且为了更好地突出主要脉络，我依据21位画家偏好的风格流派与艺术传统对他们进行了分组。基于这个划分标准，某些画家将被重复论及。杜琼在结语中强调了山水画的价值，故沈周在这组藏品中似乎格外重视山水画。鉴于杜琼也提及了其他绘画门类，我将从山水画以外的门类开始做一个简要的概述。

花鸟画

　　张宇初（1361—1410）是道教分支正一教的第四十三代天师，杜琼首先论及的是他的山水画。有人说张氏自创了水墨写意的画竹之法，且尤其擅长画兰[9]。他的画作未能流传于世，但最近于江苏省的王镇（卒于1495年）墓中却发现了由他的侄子张懋丞

图1.1　张懋丞　《撷兰图》
明　纸本水墨　纵25.8厘米，
横55.2厘米　淮安市博物
馆藏

图 1.2　沈巽　《竹石图》　明　纸本水墨　纵 24.8 厘米，横 64.5 厘米　美国大都会艺术博物馆藏

所作的一件水墨线描兰花作品（图 1.1）[10]。张懋丞大胆地运用了淡墨与浓墨的对比，将草书用笔线条与没骨花卉的画法结合起来，这种自发性似乎影响了后世的画家徐渭（1521—1593）。根据杜联结（Lienchen Tu Fang）的研究，张宇初是明代最有学问的道教天师之一[11]，故张懋丞很可能曾追随其博学的叔父张宇初学习绘画。尽管正一教的祖庭在江西贵溪的龙虎山，但作为天师的张宇初却因在洪武（1368—1398）与永乐朝供职，曾留驻南京一段时日。

　　沈巽（约活跃于 1370—1400 年），浙江吴兴人，山水宗同乡胡廷晖[12]。朱谋垔明确指出沈巽在山水上师从胡廷晖，并指出沈氏还擅长其他绘画门类[13]。沈巽以善画竹石为人熟知（图 1.2），据文嘉（1501—1583）所说，沈巽此件作品很可能是临仿自赵孟頫的某件画作[14]。这幅画确实与赵孟頫之作有相似之处，而赵孟頫曾经赞赏沈巽的老师胡廷晖[15]。这个例子透露出通过地域联系，绘画传统得以在元初与明代的画家间传承延续。另一位在沈周这组藏品中出现的吴兴人是薛希贤。据杜琼所说，薛氏居京师时便以善画闻名[16]。杜琼并未指出薛氏偏好的绘画门类，他将薛氏放于此处完全是基于其与沈巽的地域关联。

　　沈周的这组藏品中也包括俞鹏所作的册页。俞鹏是浙江上虞人，善作山林画障，写春草尤佳。[17]俞鹏在成化年间（1465—1487）以保举赴京[18]，官至江西参议[19]。

图 1.3　夏昶　《竹图》　明　纸本水墨　　图 1.4　王绂《小山丛竹图》　明　纸本水墨　纵25.8厘米,
纵 27.7 厘米, 横 25 厘米　淮安市博物馆藏　　横30.5厘米　台北故宫博物院藏

　　夏昶的绘画也出现在沈周的这组藏品中。夏昶是江苏昆山人[20], 历任地方与朝中数职, 其仕途生涯在 1457 年任太常寺卿时达到顶峰, 但数月后便辞官返乡[21]。夏昶因画竹而为同代人所熟知, 他的许多画作都留存至今。最近又有从王镇墓出土的夏昶书画现世(图1.3)[22]。杜琼本人与夏昶亦有交往, 他说道:"(夏昶)尝学山水竹石于孟端(王绂)。晚年惟以墨竹应酬于人, 故朝野皆知其墨竹焉。"[23] 一本昆山地方志甚至提及韩国与日本人都曾来搜求夏昶的绘画[24]。然而, 夏昶的山水画无一存世, 留传下来的竹画也不乏同代或后世的仿作。

　　尽管沈周收藏的明初绘画手卷中未包含王绂(1362—1416)的绘画, 但这可能是因其尚未有合适的机会得到一张王绂册页。虽然王绂的画作并未直接出现在沈周的这组藏品中, 但鉴于沈周对王绂的门生夏昶和陈宗渊作品的收藏, 便可看出其对王绂本人的欣赏态度[25]。夏昶与王绂皆十分善于绘制枯木竹石与流水组合的长卷, 且在图式上有所创新[26]。王绂以倪瓒风格所作的册页并不为人熟知(图1.4), 而倪瓒、王绂二人皆来自江苏无锡的事实, 再一次印证了地域传统的力量。

　　沈周的这组藏品中还包括河南赵廉的作品。据杜琼所说, 赵廉能胜任诸多绘画门类，但以画虎闻名[27]。翰林学士兼吏部尚书王直（1379—1462）的一首诗可资证明："赵廉画虎名天下，好事求之不论价。"[28]王镇墓中出土的匿名手卷《霜林白虎图》可能作于15世纪（图1.5）[29]，且很可能就是由赵廉所绘。但赵廉并没有款署的传世作品可资参照，且其他画家也可能绘制这类题材的画作，故这个猜想尚缺乏足够的证据。

人物画

杜琼在文中多次论及画家描绘人物的能力，例如他认为吴璘的着色山水中人物甚为精细，然失之僵硬呆板[30]。吴氏是上海人，常作重设色的青绿山水，其中的人物大概如唐代（618—907）绘画中呈现的那样。杜琼认为马轼和卓迪尽管在其他方面不相上下，但在人物画方面马轼较卓迪更为专业[31]。卓迪曾跟随浙江奉化的朱自方学习绘画，朱自方则取法范宽（约950—约1032）与郭熙（约1000—约1090）[32]。而马轼亦师法郭熙风格[33]，故马轼与卓迪在山水画风格上颇为相近。有关他们的山水作品将在下文谈到。

马轼与卓迪在地位上也相当，二人均在朝担任低级官员。据同代人所说，卓迪以能书被召入翰林，三年之后便返乡[34]。学界普遍认为马轼是一位职业画家，然而这种说法只是根据后世画论推测而来，并非根据马轼的传记。何良俊（1506—1573）将马轼归为宫廷画家[35]；徐沁（活跃于1673年）与朱谋垔将马轼与职业画家相提并论，指出其在京师的声名与财富可与戴进相比。徐、朱二人认为李在（1400—1487）与谢环（1346—1430）都无法媲美马轼用笔之潇洒[36]。将马轼归为职业画家的原因乃是基于其绘画风格而非史实，根据他的职业，我们可知他并非职业画家。杜琼提及马轼曾任职于钦天监，但并没有说明何时何地[37]。有一则资料表明他在宣德年间（1426—1436）任钦天监刻漏博士[38]，但多数资料指出他是在1449年随军出征广东时获得该职位的[39]。马轼的职位并不高，但其人品却值得一提。1457年，翰林编修岳正因上书弹劾将军石亨以及太监曹吉祥被贬广东钦州，马轼是唯一前来送别岳正的友人，并以诗相赠[40]。这一材料

图 1.5　佚名　《霜林白虎图》　明　绢本设色　纵 29.8 厘米，横 69 厘米　淮安市博物馆藏

足以证明马轼在 1457 年居住于京师。

　　作为人物画家，马轼最为知名的作品是现藏于辽宁省博物馆的一幅手卷，内容是根据陶潜的《归去来兮辞》所作[41]。共同绘制此图的另两位画家是戴进的门徒夏芷与李在。我认为这件作品绘画水平较为一般，画面主角和其他人物都与背景的关联并不密切。无论是人物还是背景宛如从画谱中照搬下来，被毫无技巧地组合在一起。此外，虽然某些人物局部的刻画令人信服，但用笔及线条却未能塑造出完整统一的人体结构与衣饰纹理。马轼与李在都有描摹精准的人物画留存于世，至于这张《归去来兮图》，我只能认为是画家艺术风格成熟之前的作品，抑或此卷并非真迹[42]。

　　沈周的这组藏品中还包括一张戴进的册页[43]。人们通常认为戴进是一位山水画家，但明清时期的评论家经常提及戴进在其他绘画门类亦卓有成就，例如宗教画、人物画以及花鸟画[44]。何良俊虽然一贯都偏爱文人画家，但他也认为戴进是一位杰出的正统派人物画家。戴进的人物画多用兰叶描[45]，《罗汉图》（图 1.6）可资佐证。在这张浅设色的作品中，画家借鉴了在宋代极为盛行的禅画与院体画风格，而当时这种风格在他的家乡杭州盛极一时。下文还将继续讨论戴进的山水画。

　　在沈周的这组藏品中还出现了画家谢环。其所绘的一件人物群像值得注意[46]，画家

图1.6　戴进　《罗汉图》
明　纸本设色
纵113.9厘米，横36.7厘米
台北故宫博物院藏

图1.7　谢环　《杏园雅集图》（局部）　1437年　绢本设色
美国大都会艺术博物馆藏

运用了多种笔法并敷以鲜丽的色彩，突出了身份尊贵的宾客们所穿戴的华丽服饰，并配以雅致的家具（图1.7）[47]。这件作品是明代人物肖像画的典型样式[48]。作为最受君主礼遇的宫廷画家，谢环也成为1437年杨荣（1371—1440）所举办的雅集的客人之一。谢环在雅集中赋诗一首，并为这件具有纪念意义的人物画撰写题跋。杨荣与另两位权倾朝野的客人杨溥、杨士奇并称"三杨"。不论是这幅作品还是15世纪的史料，都显示出谢环与当时以朝廷官员为主导的精英群体交往密切。在另一卷画心完整的版本中，他描绘了自己刚刚抵达雅集现场的情景。无论从其身形、所处的位置，还是平平的容貌与装束来看，谢环都与最具权势的官员地位相去甚远。1404至1425年任国子监祭酒的胡俨写道，谢环出身权贵，家世煊赫，其曾祖父与祖父都曾出仕，但他的父亲却隐退不仕。胡俨将其描写成一位来自浙江的优秀画家，在永乐朝被征召入宫[49]。杜琼评价谢环是才华横溢的画家，宣德皇帝（1425—1435年在位）极为器重谢环，赐他一份闲职并授锦衣卫千户[50]。据《英宗实录》载，1452年，谢环又被授锦衣卫指挥佥事[51]。谢环同年所作的山水画（图1.8）印证了其仕途生涯的成功[52]。关于他对山水画风格的选择将在下文讨论。

另一位宫廷画家沈遇（1377—1448）也偶尔绘制人物画[53]。杜琼在为沈周这组藏品所写的题跋中提到，当洪熙皇帝还是太子时便十分欣赏沈遇，但在其1424年正式登基之时沈遇却已告病还乡[54]。杜琼也提及沈遇的高祖沈肖监（活跃于1265—1274年）是南宋画院的人物画家，沈遇之父沈宗德也是在洪武（1368—1398）、永乐（1403—1424）与洪熙（1425）年间深受皇戚贵族喜爱的画家。沈遇继承了家学传统，但主要以山水画及诗文闻名[55]。

据杜琼所言，家族的人物画传统加之沈遇的儒学修养，使沈遇倾向于创作道德训诫类的绘画[56]。正如谢环一样，他经常应友人之请绘制群像。沈遇为沈周祖父沈澄绘制了《西庄雅集图》，杜琼则为每一位宾客撰写小传，但并未对画作本身进行详细记述。沈遇的这件作品惜未流传于世，也无详细的记载[57]。从杜琼的序文中，人们可以了解沈澄请画家将参与雅集的友人与离世的故人画于一卷的初衷。杜琼透露，沈澄希望效仿元代富有的艺术赞助人顾瑛，顾氏与友人正是因为《玉山雅集图》而流芳于世[58]。正如顾瑛一样，沈澄召集了一群在文学与艺术上颇有造诣的文士举行雅集。除了沈遇之外，参与者还有谢缙、金铉和苏复等人，他们在世时皆以画闻名[59]。

山水画

沈遇尤以山水画闻名，现在我们便可将目光转向这一门类。杜琼在文中简要提及沈遇擅长多种绘画门类，其中包括青绿设色的山水画[60]。在为沈遇所作的传记中，杜琼详细论述了沈遇擅长的绘画风格：水墨山水师法马远（活跃于13世纪初）与夏圭（活跃于1200—1250年），浅设色山水宗法李唐（约1049—1130），重设色山水则师法赵伯驹。杜琼认为沈遇与赵伯驹的风格尤为相似。赵伯驹是宋代宗室画家，以能够重现唐代宫廷画风而闻名[61]。

图 1.8　谢环　《山水图》
1452 年（左图）

图 1.9　沈遇　《南山瑞雪图》
1458 年　纸本设色　纵 248.3 厘米，
横 101 厘米（右图）

在 17 世纪末徐沁的记载中，沈遇在晚年时十分钟爱雪景山水。其他文字资料以及唯一一件归于沈遇名下的存世山水画，可以证实这则记载[62]。1458 年 9 月 22 日沈遇题写了《南山瑞雪图》（图 1.9）作为送给某人的礼物，随后受画者的姓名被抹去了[63]。从沈遇曾用人物画来宣扬儒家教义来看，他晚年偏爱的雪景很可能也是有象征意味的。以这件作品为例，它的标题为我们提供了一些线索："瑞雪"之所以被称为祥瑞之雪，乃是因为它降落在寒冷的冬日，且能帮助农民杀死害虫的幼卵。它仿佛是一个象征，比喻困难的环境或严酷的条件所带来的益处。画家兼用水墨和浅设色，重现了五代（907—

960）山水画中山脉蜿蜒盘旋的势态。高处峰峦上的苔点暗示了山顶稀疏的林木，画家以装饰性的画法调和了粗粝的笔触，这一画法使人联想到范宽。而对于斧劈皴的运用以及树木的画法，尤其是前景光秃的树根及寺庙旁粗略勾勒的松树轮廓，都体现了沈遇对南宋院体绘画传统的承袭。

沈周曾经临摹过家藏的沈遇雪景山水，并在摹本上透露出他曾在孩童时期追随沈遇学画[64]，故而熟谙其思想与用笔之法。这一私交将沈周与明代宫廷绘画联系在一起，并且使他能够接触到沈遇所推崇的南宋院画传统。据记载，至少有两位沈周的家族成员以及一位年长的友人曾追随沈遇学画。杜琼自称是沈遇的学生，尽管在现存的杜琼画作中并无明显的体现，这一点将在下文谈到[65]。16世纪的苏州地方志中，记载了沈周的父亲沈恒（1409—1477）以及伯父沈贞（1400—约1482）都曾追随沈遇学画，且二人都擅长金碧山水[66]。两兄弟流传至今的绘画作品十分稀见，且未能体现出他们在青绿山水方面的修养，然而沈周的一件青绿山水作品则充分体现了沈氏一门对此类绘画传统的兴趣。令人讶异的是，沈周在题跋中明言此作是临仿自戴进的《谢安东山图》（图1.10）[67]。这件挂轴作于1480年，画面有常见于此类绘画的繁复细节，并不会使人第一眼就联想到沈周或戴进的作品。但不可否认，沈周在其他精心绘制的作品中，也会运用明亮的矿物颜料描画较大的块面[68]。

至明代时，青绿山水已在文人与职业画家手中传承了几个世纪。随着中国的重新统一，人们很容易将明代与唐代联系起来。故青绿山水传统尤其受到如石锐与郭纯（卒于1444年）等宫廷画家的欢迎。郭纯的作品亦见于沈周藏画卷中[69]。当时的记载表明郭纯以画青绿山水闻名[70]，而他唯一的传世作品是一件描绘苏轼（1037—1101）《赤壁赋》的青绿山水（图1.11）[71]。这件作品既无郭氏题跋亦无名款，但因画上钤有一方可辨别为"郭氏文通"的印章，故将其列入郭纯名下。从画面的主要内容可以看出这件大幅绢本挂轴的主题：在高耸的山崖之下，船夫驾着饰有黑色栏杆的大船，三位文士正坐于其中。其中最大且刻画最细致的人物应该是《赤壁赋》的作者苏轼，因为在他手指的方向正有一只鹤从陡峭山崖上飞翔而下。

　　郭纯将苏轼《赤壁赋》中的主要人物置于青绿山水之中，而如今这幅画只残留一些金线的痕迹。画家借鉴唐代的绘画技法，运用几条精心布置的墨线勾勒出崖壁陡峭的侧面，尽管坚硬的岩石在唐代绘画中并不多见。画家对于细节的处理一方面体现在以蓝色与黑色的苔点暗示山上的植被，另一方面体现在对树木的描绘上。例如绘于鹤近旁的秃树，乃是借鉴李成（919—967）、郭熙和许道宁（约1000—1066）那样流动与灵巧的笔法画成。郭纯所利用的折中主义画风不仅唤起了观者对苏轼时代的记忆，甚至唤起了对赤壁本身更早的历史记忆。

　　郭纯将浓淡设色、水墨晕染与皴法进行了巧妙的结合。朴素的淡墨与近乎透明的颜色，中和了宝石般的山色与浅绿松石般的树色。精巧的近景体现了郭纯处理复杂构图的技巧，中景的柳树、竹木以及高大的松树使两段坡岸与挂轴的垂直构图得到了统一。尽管这类作品在明代显得十分保守，但画家敏锐地将细节处理得非常巧妙，以至于整幅绘画显得饱满丰富且并未脱离主题。杜琼写道，郭纯因绘画才干获得了阁门使一职[72]。

　　沈遇也擅长以李唐画风作浅设色山水，这种风格在元代并未受到很多画家的关注，故其在明代的复兴就显得十分有意义[73]。在元代人们总是将李唐与南宋而非北宋宫廷联系在一起，故李唐风格并不受画家欢迎。而至明初，一些文士已经开始显露对这种古风的喜爱。例如曹昭在1387年完成的《格古要论》中就写道，李唐在形成自己的风格之前，曾学习过唐代画家李思训（651—716）的风格[74]。李唐将北宋粗犷的山水画风格改造为更加私人化、更具诗意的复古风格，这种风格在明代受到欢迎，且其地位在之后的两百年里不断提高。杜琼在一首诗中概述了古人与今人对自己绘画的启发："乃至李唐尤拔萃，次平仿佛无崇庳。"[75]杜琼很可能是受到沈遇的影响，才形成这个观点。沈遇扩大了李唐在苏州的影响力，这一点在之前并没有得到充分的认识，这是因为沈遇存世的作品实在太少了。在16世纪初，周臣（他的老师是杜琼的友人）与唐寅对这一风格的复兴贡献颇多[76]。而到了16世纪末，李唐风格的复兴则获得了巨大的理论支撑，对他的赞赏来自一位颇有影响力的评论家何良俊。他将李唐划归为正统山水画派的鼻祖之一，而将李唐后来的追随者如马远、夏圭等人均排除在外[77]。

图 1.10　沈周
《临戴进〈谢安东山图〉》
1480 年　绢本设色
纵 170.8 厘米，横 35.4
厘米　翁万戈旧藏（左图）

图 1.11　郭纯　《赤壁图》
明　绢本设色
纵 160.5 厘米，横 96 厘米
首都博物馆藏（右图）

　　沈遇不仅精通设色山水，且擅长水墨山水，此方面他主要学习南宋画院画家马远和夏圭。如前所述，这一传统在元代已被许多人拒斥，在 15 世纪初亦未得到朝廷的青睐。永乐朝宫廷花鸟画家范暹的一段话，清楚地表明了此种风格在政治上的消极象征含义，这段话被叶盛（1420—1474）记录了下来。范暹首先注意到君王最为钟爱郭纯的绘画，因为其构图紧密。然而从郭氏仅存的一件画作（图 1.11）来看，此评价并不准确。范暹还提及郭纯曾经斥责了那些喜欢马远与夏圭风格的人。郭纯认为这些南宋宫廷绘画并非优秀的临仿对象，因为它们的"一角"式构图象征了国家的分裂[78]。这表明了君王对于郭纯风格的欣赏绝非仅出于审美的考虑，这种紧密的构图被认为是国家统一团结的象征。沈遇在永乐朝亦在宫廷供职，但他并没有将这一图式运用到自己的绘画中。值得注意的是，沈遇在 1424 年辞官归乡，且直至 1457/1458 年仍在苏州作画。

沈周的藏画卷中，还包括了宫廷画院以外的业余爱好者和专业画家的作品，他们也时常用马夏风格作画。戴进可以说是马夏风格的复兴者，他辞去了宫廷画院的职务，依靠私人赞助在京城画坛仍享誉盛名，之后回到了故乡杭州[79]。另一位出现在沈周藏品中的杭州画家是汪质，他在南京以卖药为生。杜琼指出汪质在迁居南京后，仍以杭州人的身份在画作上署名。汪质早年通常绘制精美的小幅作品，中年时期开始绘制尺幅较大、用笔豪放的粗率之作[80]。据朱谋垔所说，汪质的风格源于马远和夏圭，但是他用墨过于浓重[81]。徐沁在汪质的画作中看到了戴进的影响[82]。杜琼虽明确指出汪质在南京以卖药为生，但并未说明他是否利用绘画才能增加收入，还是仅将绘画作为业余爱好而已。

另一位马夏风格的追随者庄瑾，通常被认为是业余画家，因为他没有售卖自己画作的必要。杜琼认为庄氏虽然富有却并不傲慢自大，并且强调了他对书法与绘画的热爱[83]。庄瑾来自松江府的青龙镇，但是在永乐时期他居住在苏州的葑门[84]。虽然庄瑾的家乡一直未被视作马夏传统复兴的中心地区，但仍有零散的证据表明，该地在14世纪末15世纪初的确受到马夏传统的影响。叶盛认为庄瑾是继本地职业画家张观（活跃于14世纪晚期）之后最为优秀的马夏流派的画家[85]。松江人对马夏画派的欣赏，从14世纪末的鉴藏家曹昭对这两位艺术家的风格分析中亦可见一斑。曹昭是从美学角度而非政治方面来讨论"边角"画风的[86]。

其他地域对马夏画风同样十分感兴趣。王履（1332—1383年后）曾在江苏昆山行医，在学习了马夏风格数十年后，他决定直接师法华山[87]。在《画楷叙》中，他满怀激情地赞颂了马夏及其传派[88]。由于沈周之子沈云鸿（1450—1502）曾经借阅过《华山图册》[89]，故沈周或许通过王履在《华山图序》中对马夏派的赞美而知晓其观点。即便是偏爱元末文人画的王绂，有时亦会尝试以马夏风格作画[90]。明初一些文人为南宋院体画的美学价值辩护，他们相信这些职业画家的风格与文人在绘画中对于诗意与哲理的追求是相通的。

与后世仅将戴进与马夏画派联系在一起不同，当时的士人赞美戴进通晓多种类型的绘画。在为沈周藏品所作的题跋中，杜琼谈道："戴文进作画通诸家，一一臻妙。"[91]

与沈周和杜琼有交往的苏州太医刘溥[92]，曾经为戴进作诗一首：

> 近代何人画山水？松雪仙游大痴死。
>
> 眼前虽有十余辈，各妙一家而已矣。
>
> 戴公家数合精粹，泼绿妆青无不是。
>
> 荆关董郭迭宾介，奴隶马夏儿道子。[93]

　　这首诗充斥着溢美之词，很可能言过其实了，但却表明刘溥将戴进与荆浩、董源、赵孟𫖯、黄公望等古代大师比肩。尽管此诗是为了恭维戴进而作，但从中可知同代人对戴进的看法。另外，这也说明了刘溥欣赏戴进将多种传统技法进行综合的能力。文人画家对职业画家的盛赞，只有在15世纪至16世纪上半叶对后者广泛赞赏的语境下才能被理解[94]。

　　戴进名下一幅烟云笼罩的山水画，证明他可以使用马夏之外的风格作画。董其昌（1555—1636）认为此件作品是依据燕文贵（活跃于10世纪末至11世纪初）风格完成的（图1.12）[95]。尽管这幅画因为稚拙的构图比例而产生了一种微妙的古意，但与现代学界对燕文贵风格的认识并不相符。戴进在这张作品里刻意回避了在其他作品中经常使用的有力线条，代之以较为模糊的淡墨皴染。加之细小的点苔，以形成柔和氤氲的气氛。因此这张画带给人的直观感受比其他运用马夏手法的山水作品要柔和得多。戴进在此作中使用的笔法更多得益于米芾（1051—1107）运用毛笔以外的工具进行的绘画试验。这幅画也很容易让人联想起南宋佚名画家的《潇湘卧游图》以及牧溪（活跃于13世纪中期）描绘一些著名湖川景致的绘画[96]。

　　在明代初期有相当多的证据表明，元人对复兴五代和北宋绘画传统的兴趣一直在延续，不论是职业画家还是文人画家，都对这类艺术风格进行了新的诠释。来自浙江永嘉的谢环是沈周收藏画卷作者里最为著名的宫廷画家。和戴进一样，他也受到同时代主流画家的好评。徐有贞（1407—1472）评价谢环时说道："笔迹兼师董李间，不独区

图 1.12　戴进　《山水图》
明　纸本水墨　纵 98.2 厘米，
横 45.8 厘米　上海博物馆藏

区论马夏。"[97] 稍晚的绘画著录如《明画录》和《画史会要》，认为谢环的艺术风格可上溯至五代的山水大家荆浩（9 世纪晚期至 10 世纪早期）与关仝（10 世纪早期），以及宋代的米芾与米友仁（1074—1153）父子[98]。王镇墓中出土的谢环山水画作品（图 1.13）[99]，可以证实其对于米氏山水的学习。谢环既继承了米氏风格又加入了新的诠释，使得其绘画风格相较前文中提到的两版雅集图（图 1.7）更加丰富。上文提及谢环在 1452 年创作的山水画，从旧有的影印图版来看，其风格来源不太明显，但暗合了北宋或更早的传统（图 1.8）。

　　谢环的艺术背景可通过其师陈叔起的一张现存画作来了解。陈叔起是元代画家张舜咨（约活动于 1330—1350 年）的学生[100]，同时陈叔起还是黄性（1339—1431）的朋友。黄性不仅是一位位高权重的官员，而且进一步发展了"潇湘八景"的图式，解决了陈叔起认为"景自为图，不足以观潇湘之大"的问题。根据黄性对这一传统母题的理解，陈叔起尝试绘制《潇湘秋意图》，但未及完成便病逝了。黄性将陈氏未完成之作携至南京带给王绂赏阅，王绂遂将"平沙落雁"的内容增补于陈叔起所绘段落之后。故这件作品起始处云雾缥缈的山景是由陈叔起完成的[101]。而从这段画面来看，张舜咨的卷云皴以及泼墨画法的影响并不是非常明显。陈叔起并没有像张舜咨一样学习郭熙笔法，他对于山石的勾勒与皴擦更容易让人联想起燕文贵的笔法[102]。陈氏的笔法兼收并蓄，剪影般的树形源自赵令穰（活动于约 1070—1100 年）与米芾。相较王绂用笔的自由奔放，陈氏的笔法更加复古。即便以元人标准来看，陈叔起低调细腻的笔触及柔和的色调都显得十分传统。这方面证据虽然有限，但依然比近代证据更为充分。它表明无论在对图式的选择上，还是在有限的自我发挥上，谢环的绘画方法与元代文人画的观念是一致的。

　　正如元代一样，明代文人对保存五代、北宋文人的绘画传统做出了贡献。一幅杜琼早年临摹董源的作品亦出现在沈周的藏画卷中，董源原作由夏昶收藏[103]。我们还能够以杜琼为其姊丈魏本成所作的绘画为例进行观察。魏本成号友松，因此画家以魏本成的别号为题作《友松图》（图1.14）[104]。杜琼以严谨而又略带稚拙的风格，描绘了松树、庭院中的假山与园林中其他显著的物件。该作符合明初文人画的基本样式，在元人对董源风格的继承上作了进一步诠释。关于杜琼曾追随沈遇学画一说，并没有任何材料可以证明。人们不禁要问，杜琼是否真的未曾受到南宋院体画风的影响，还是历代的收藏家与作伪者给我们留下的是偏颇不全的样本？近来斯蒂芬·利特尔（Stephen Little）认为杜琼"对马远传统有矛盾的感受"[105]，这一评论可能基于学界早先对杜琼的一首诗的解释[106]。然而通过对这首诗的重新解读以及分析杜琼绘画的风格来源，我认为杜琼非但没有批评马远和夏圭，实际上还将他们列入了对自己有启发的大师名单

图1.13　谢环　《云山小景图》　明　纸本水墨　纵28.2厘米，横134.4厘米　淮安市博物馆藏

图1.14　杜琼　《友松图》　明　纸本设色　纵29.1厘米，横92.3厘米　故宫博物院藏

之中[107]。

　　杜琼欣赏的另一位画家史谨也出现在沈周的收藏卷中，很明显史谨是一位更偏向于北宋山水画风的文人画家[108]。来自江苏昆山的史谨，是倪瓒和高启（1336—1374）的小友[109]。洪武年间，刚满20岁的史谨被发配至云南，洪武末年，他又被召回且在应天府任职。不久后他再次被贬谪，史谨因此辞官并迁居南京。在南京他一边靠卖药为生，一边醉心诗画[110]。大概在这一时期，史谨与王绂、金铉和谢缙结交[111]。杜琼指出史谨尤其擅长描绘雪景与寒林[112]。刘溥在一首赞美史谨双松壁画的诗中，透露了关于史谨艺术取法来源的唯一线索："云（玉）山老樵画古木，信手成林太神速。纵横家法出范宽，回首俗师皆碌碌。"[113]

　　根据对夏文彦（1296—1370）所著画史《图绘宝鉴》的分析，谢柏轲认为在元代时，范宽的追随者寥寥无几[114]。这种情况显然随着新王朝的到来而发生了变化，在明初试图复兴范宽粗犷风格的画家不止史谨一人，据说朱自方的风格也是源于范宽与郭熙[115]。在浙江奉化，朱自方曾教授卓迪绘画，杜琼指出卓迪的山水与马轼齐名，但卓迪却不擅长人物画。若说现存卓迪的一幅名为《修禊图》的水墨手卷（图1.15）反映了范宽的风格[116]，那么它也经过了南宋院画传统的过滤。南宋院画的影响在这幅画卷中表现为对私密性而非纪念碑性的偏爱，而这种绘画的私密性让人想起王羲之（303—361）著名的兰亭雅集，并且画家在描绘松树的方式上也令人联想到南宋画风。

　　据杜琼记载，卓迪与王绂交往甚密，沈周收藏卷中的卓迪作品曾经属于王绂[117]。卓迪与王绂虽非同乡，但他们同时在朝为官并且都热衷于书画。詹景凤曾引用沈周的话说，戴进在取法夏圭之前，曾向待诏翰林卓迪学习过绘画[118]。鉴于沈周对戴、卓二人的关注以及对京城画坛的了解，詹景凤的这一说法应有所依据。戴进会跟一位低级官员学习绘画也不足为怪，他与宫廷里许多官员有交往，包括王绂的学生夏昶[119]。

　　另一位偏重北宋画风的文官是马轼。如上所述，他有时会被归入宫廷画家之列，但从传记上看，他是钦天监的低级官员。《明画录》称马轼取法北宋的郭熙，郭熙在元、明两代的追随者比范宽更多[120]。《春坞村居图》（图1.16）符合徐沁对马轼风格的描述[121]。

图 1.15　卓迪　《修禊图》　明　纸本水墨　纵 27.6 厘米，横 96.6 厘米

在这件巨大的绢本挂轴中，马轼刻画了复杂奇异的山势，构图甚至保留了郭熙《早春图》中山脉有机的生长感和不朽的力量感。如果将《春坞村居图》与戴进的山水画进行比较，可以看出马轼的构图比戴进的大部分山水画更加稳定。从收藏于故宫博物院的两件以郭熙风格完成的挂轴来看[122]，马轼的山水画风格更接近李在。这三位画家都很擅长运用细密的勾皴描绘出生动的效果，因此很容易理解为什么后世的评论家将马轼与戴进、李在相提并论。

　　除了上述令人印象深刻的马轼所作的立轴，王镇墓中还出土了一件名为《秋江鸿雁图》（图 1.17）的小幅手卷。画面描绘了一位文士在童仆的陪伴下，坐在岸边观赏雁群[123]。画家自署"马轼写赠景容清玩"。画卷以激烈律动的线条起首，近景处理树木的方式也十分稚拙，整幅画卷以河岸的出现戛然告终。徐沁、朱谋垔指出李在、谢环的用笔无法与马轼潇洒的笔法相提并论时，脑海中浮现的是否也是这类随意、业余的画风？[124]徐邦达认为马轼的笔墨非常简练但却有力度[125]，恰如画家在描绘鸿雁时笔法的灵巧多变。李在虽然也有许多可与之媲美的画作，但都无法企及马轼这件手卷体现出的恣意奔放的表现力。虽然不能确定王镇墓中出土的这件作品一定出自马轼之手，但即便是赝品，也至少在一定程度上契合了明中期人士对马轼风格的某些印象。尽管历代文人批评家都主张绘画要脱离单纯的表象模仿，随意的、业余的"墨戏"最终赢得了人们的认可，但同时人们并没有拒绝欣赏那些更富技巧性的、更传统的作品。

　　马轼一幅名为《山水图》（图 1.18）的册页介于上述两件作品之间。我们能看出它

图 1.17　马轼　《秋江鸿雁图》　明
纸本水墨　纵 19.5 厘米，横 42.2 厘米
淮安市博物馆藏

图 1.16　马轼　《春坞村居图》
明　绢本设色　纵 178.6 厘米，横 112.1 厘米
台北故宫博物院藏

图 1.18　马轼　《山水图》　明　绢本水墨
纵 20 厘米，横 18.8 厘米　私人收藏

与马轼的手卷有密切的联系，但缺少那种洒脱奔放的表现力[126]。相比于王镇墓中出土的手卷，册页所受郭熙的影响更为明显，虽然其中反映的是郭熙风格历经几百年后的变化。与挂轴不同的是，册页在风格上与浙派各家的风格相比几乎没有相似之处。这三幅画作加上根据陶潜《归去来兮辞》所画的手卷，构成了现存归于马轼名下的全部作品。这三幅山水符合马轼以郭熙风格作画的历史记载，若《归去来兮图》也是真迹，则表明马轼有能力以马夏风格进行创作。

　　不论是文人画家还是职业画家，都从元代以前丰富多样的绘画传统中汲取灵感并形成自己的创作理念。然而在明初，部分画家选择了距离本朝更近的大师作为学习的对象。有些画家则沿袭了元代职业画家盛懋（约活动于1341—1367年）的风格，杜琼所欣赏的文人画家苏复便是如此，职业画家郭纯和戴进亦取法此种风格[127]。我们无法从现存史料中了解到主要以宋代风格进行创作的职业画家会以何种频率创作元代风格的作品。屠隆（1543—1605）曾赞美戴进临摹黄公望（1269—1354）和王蒙作品的摹本，表明这种现象确实时有发生[128]。

　　令人讶异的是，在沈周收藏卷中出现的画家竟然鲜少去探索如何将元代文人画风格内化为个人风格，而这样做的明初画家代表是王绂。沈周非常欣赏王绂，但也许是由于没有合适的册页，故王绂的作品未收入沈周的收藏卷。在山水画方面，王氏以师法同乡倪瓒与王蒙的风格著称[129]，曾随王绂学习山水画的夏昶可能也继承了这一风格。沈周收藏卷中的另一位画家，来自浙江天台的陈宗渊也曾跟随王绂学习[130]。他们都曾任中书舍人并同居京师。据杜琼说："（陈宗渊）师友石（王绂）山水，稍变南方气习，然其皴皴妙用正锋。"[131]可推知陈宗渊曾偏爱马夏的侧锋用笔的画法，而在王绂的指导下逐渐改为中锋用笔。陈氏现存唯一的作品《洪崖山房图》（图1.19）是应胡俨之请而作[132]，用墨与用笔方面不及王绂，但整体风格与其师颇为相近。我们从陈宗渊作品中很难看出杜琼所谓的"南宋习气"，即南宋院体画风格。因陈氏现存的画作仅有一件，故无法追溯其艺术发展的过程。杜琼的注解为我们提供了很好的参考，即各种思想与理念都可能在大都城这个熔炉中交流汇聚。师徒间会传递创作理念，在朋友甚至对手之间也

图1.19　陈宗渊　《洪崖山房图》　明　纸本水墨　纵27厘米，横107.3厘米　故宫博物院藏

图 1.20   金铉   《临吴镇渔父图》（局部）
纸本水墨   私人收藏

相互分享绘画观念。

另一位出现在沈周收藏卷中的画家是王绂的好友金铉（1361—1436）[133]，王绂为金铉家宅墙壁所绘的竹林便是他们友情的见证。洪武中金铉被征召至南京，但以母亲年迈之由谢绝了荐官。金铉之子金钝则官至中书舍人[134]。金铉来自华亭（今上海松江），以书法、诗文和绘画闻名于世，他曾师从张以文学习绘画，关于张以文如今所知甚少[135]。韩昂在1519年完成的《图绘宝鉴续编》中说金铉主要宗法黄公望[136]。后世的文献印证了这一点，并补充他还师法高克恭（1248—1310）与王蒙的风格[137]。

金铉现存的作品极少，但从为数不多的作品来看，他应是受到了吴镇的影响[138]。金铉作品中有一张《临吴镇渔父图》（图1.20），而吴镇的《渔父图》是受荆浩影响所作[139]。莫是龙（1537—1587）评论此图时说道："至其笔力苍古，便是石田先生门户，孰谓无风气开先之助邪？"[140]至15世纪，吴镇已被推为山水画大师，杜琼在《赠刘草窗画》一诗中将他置于早期伟大画家的行列中。杜琼强调了这位元代大师的自由精神，写道："梅花道人殊不羁。"[141]然而，吸引明代画家的不仅是吴镇用天真稚拙的笔法巧妙演绎的渔父题材，他精心临摹巨然（约活动于960—980年）的繁复山水也备受赞誉。刘珏（1410—1472）煞费苦心地向好友夏昶借来吴镇的《夏山欲雨图》（图1.21）并临摹一番，而这件作品属于吴镇后一类画风[142]。

谢缙的册页也出现在沈周的收藏卷中，来自苏州的谢缙也偏爱元末文人画的风格[143]。他是沈周祖父的挚友，杜琼对其推崇备至并记载道：谢缙最早师法王蒙、赵原（1376年后去世）[144]。尽管谢缙在南京生活多年，但他仍认为自己承续了苏州的绘画传统。在一幅应亲属之请而作的画上，谢缙题诗云：

图 1.21　刘珏　《夏山欲雨图》　明
绢本水墨　纵 165.7 厘米，横 95 厘米
故宫博物院藏

图 1.22　谢缙　《云阳早行图》
1417 年　纵 102.1 厘米，横
47.5 厘米　上海博物馆藏

吴中近代几人画山水？

黄鹤山人仙去丹林逝。

后来作者不无人，

名重于今能有几。[145]

　　17 世纪的画论家顾复曾评论谢缙的某件作品与王蒙极为相似，但谢氏笔法不如王
蒙细致[146]，这与杜琼对谢缙的评价是一致的。谢缙在掌握了王蒙、赵原的笔法后，个人
风格变得愈发随性与自由。谢缙的绘画速度很快，以至能够在一天内完成一幅巨大的

立轴[147]。杜琼评论说，谢缙"画重叠烂漫山水，千幅不同。盖其胸中有思也"[148]。谢氏不仅对王蒙、赵原等元代文人画家感兴趣，他还临摹了赵孟頫、黄公望的画作。[149]谢缙有多件作品保存至今[150]，沈周收藏的作品是其在1417年为医者盛寅所画的《云阳早行图》（图1.22）[151]。谢缙写此图以志送行，还在题诗中表达了对友人的惜别之情，文人刘溥和史谨亦题诗于画上。谢缙的诗集还揭示了他与沈遇、庄瑾和金铉等人有交往，这几位都是沈周收藏卷中出现的画家[152]。

　　鉴于谢缙对艺术风格的选择及其诗歌方面的才华，我们大致可以推断他是一位业余画家，但其身份仍然不明确。宋后楣（Hou-mei Sung Ishida）认为他是文人画家，认定他"进入宫廷，尤其是翰林院，担任学者官员或书法家……"[153]，但是并没有确切的证据表明谢缙曾经担任过这样的职务。钱谦益（1582—1664）写道，谢缙因亢直耿介，疾恶如仇，为乡里豪绅所不喜，于是以绘工贡京师。谢缙在南京待了20多年，最后才因眼疾而获准辞官返乡[154]。杜琼在为沈澄雅集所作的《西庄雅集图记》中写道："至若臞樵、葵丘，虽不禄仕，亦皆抱其材艺出入禁近，遨游公卿之间。"[155]宋后楣将这段话作为谢缙并非画匠的证据，但实际上这段话只是说明了他从未步入官场。在其他文章中杜琼又说沈遇领取的俸禄与朝廷官员相同[156]，却从未详细说明谢缙的官职和收入，故谢缙很可能是以工匠画师的身份进入宫廷的。陈宗渊出身于官宦家庭，却被征召入京师成为墨匠，后晋为中书舍人[157]。谢缙担任画匠的时间有可能并不长，他究竟是职业画家还是另有收入来源尚无法辨明。如果他确实是以画匠的身份被征召入宫，也并不一定意味着他受过职业画家的训练。在明初，业余画家和职业画家都会因各种绘画任务而被传唤入宫。

　　沈周收藏卷中唯一尚未被提及的画家是江苏江阴人张宣。洪武年间，他在宫内编修国史，后于流亡途中去世。杜琼指出，诗词和书法是张氏的主要嗜好，但有时他也绘制山水画[158]。

　　在对21位画家逐一讨论后，杜琼最后对他们所从事的艺术创作作了如下评论：

> 绘画之事本为象形，古者以之黼黻皇猷，弥纶治具者也。至于图史，
> 以存鉴戒，亦有关系矣。迨夫晋唐为绘事者，多庞生钜乡，始有写山水说，
> 以为玩物适情。虽无所关系，然可以观其胸中造化，吐露于毫素之间，
> 恍惚变幻，象其物宜者，则足以起人之高志，发人之浩气焉，亦不能无
> 助也。启南所画，素善诸家，今又集众长而去取之，其能返其本乎。[159]

既然杜琼认为山水画具有晋唐文士所说的颐养性情、自我表现的功用，那么这21幅沈周收藏的画作很可能大部分或皆为山水画，尽管有些画家更擅长其他绘画类型。通过这段题跋，杜琼为山水画的创作、收藏、观赏赋予了很强的目的性。他认为君子通过山水画的创作来表达自己的感情，同时能够传达出难以捉摸、变幻莫测的"道"。山水画虽然没有明确的说教意味，但却具有道德的功用，能够唤起孟子所谓"配义与道"的力量[160]。杜氏对山水画的辩护可能是为了回应宋濂（1310—1381）或其他人的观点，他们通过贬低其他绘画门类的价值，试图恢复古代所重视的道德劝诫式人物画的地位[161]。董其昌对杜琼为山水画的辩护印象深刻，因此他将其列为《画旨》的第一章，尽管他并没有按照杜琼原文的顺序，而是将其观点打乱后进行了重新排列[162]。

结论

作为一部"准"画史，沈周的收藏卷是一部相当私人化的文献，尽管杜琼并未提及其中某些画家与沈氏家族的联系。沈周收藏卷中出现的一些画家是其祖父、父亲及伯父的朋友，包括沈遇、金铉、谢缙、史谨、夏昶及杜琼等。明初许多重要的画家都曾在南京或北京居住过，而沈周作为苏州精英阶层的一员，与两京往来文士都保持着密切的联系。苏州人入朝为官或成为画工后，很可能因探亲与致仕的缘故返乡。故沈周能够收集到许多曾在两京生活过的画家之作品，而杜琼也因短暂的北京之行以及通过与归

乡友人的交谈中了解这些画家[163]。

祖籍苏州的徐有贞就是沈周家族的挚交。1457 年他参与密谋"夺门之变"后成为内阁首辅，独掌阁权，朝野内外为之侧目。但不久后由于同僚的暗中陷害，他被贬为庶民并连遭流放[164]。1461 年他被准允返还乡里并与夏㫤、杜琼、刘珏、沈贞、沈恒和沈周均有交游[165]。沈周称徐、刘二人为"双鹤平生伴"[166]。在徐有贞的文集中，沈周收藏卷中的八位画家至少出现过一次，这八位是：金铉、谢缙、谢环、郭纯、赵廉、张宇初、夏㫤与杜琼，此外还包括王绂。可以看出徐有贞的潜在影响力[167]。

徐有贞认识来自苏州的刘溥，而刘溥与沈周的祖父和伯父结识[168]。沈周曾与徐有贞同去拜谒刘溥墓，并为刘氏撰写悼文[169]。杜琼曾在画作上题诗概述了自己欣赏的古代与当朝画家，并将这件画作赠予刘溥，因为刘溥与他欣赏的当朝画家审美倾向颇为一致[170]。刘溥与夏㫤、庄瑾、戴进等皆有交往[171]。上文提及刘溥曾作诗表达对戴进的欣赏，故沈周和杜琼可能是从刘溥那里了解到戴进的情况。而夏㫤曾经与戴进同时居住在北京，他们可能是那个时候相识的[172]。沈、杜二人虽隐居苏州，但显然对京城画坛密切关注。在 15 世纪的大部分时间里，京城乃是最主要的艺术中心。沈周所藏画卷虽未能将明初著名画家的画作全部涵盖，但他成功地收集了一个非常有代表性的样本。

由于 15 世纪复古主义盛行，沈周的"准"明初绘画史不可避免地将我们的注意力引向更早的时代。故而当我们面对晚期中国绘画时，往往会关注画家们诠释早期绘画传统的方法。杜琼为沈周藏画卷所写的题跋提醒人们，之后的中国画家一直在努力创新。在收藏这些画作的过程中，沈周力求每一位画家都能在历史长河中占据一席之地。他请年长的杜琼将其了解的画家以小传的形式记录在题跋中。对于近代历史进行记录是中国文化的重要组成部分，它为后人编纂历史提供了必要的史料基础。

尽管沈周收藏卷中的许多画家在 15 世纪很有名气，但依现代的标准来看，只有四位画家仍然为人所熟知——分别是戴进、谢环、夏㫤、杜琼。21 人中的 12 人至少有一幅画作留存，且多数在明清画史中受到关注。虽然沈周对明初画家的选择并没有完全经受住时间的考验，但他的收藏记录对于重建未受后世画论影响的 15 世纪的绘画图景助益良多。

对沈周收藏卷中涉及的明初画家进行研究之后，我们能够总结一些要点。这些画家采取了折中与兼收并蓄的艺术风格。虽然并不能精通各种风格传统，但他们往往不止取法一家，有的画家相当多才多艺。他们不但经常临摹家中藏品或从友人处借得的早期杰作，而且经常欣赏友人不同风格的画作。例如陈宗渊显然是受到与自己共事的好友王绂的影响，而王绂的另两位友人——卓迪与史谨——则复兴了范宽的绘画传统，尽管王绂本人更倾向于元代文人画传统。杜琼与其好友沈氏兄弟虽崇尚元代苏州的文人绘画传统，但他们却向沈遇学画，而沈遇则擅长流行于杭州的南宋院体画风。画家们常拥戴家乡的艺术传统，但这并不能限定他们对于绘画风格的选择。

往返于故乡与任职地之间的画家与鉴藏家亦促进了思想的交流，文人画家与职业画家间的交往也催生了对各类绘画传统与技法的热情。例如夏昶与戴进、金铉与沈遇之间都有交往。一些职业画家也可能是精通文人画的有识之士，如谢环、沈遇和谢缙可能就属于这一类。其他人则不然，虽然戴进受到众多高官的敬重，但并没有什么资料表明他受过良好的教育。刘溥显然对文人画家长久以来的优越感不以为然，宣称戴进是两位近代文人画家赵孟頫和黄公望的唯一继承者，并且他认为这种观点并没有什么不妥之处。

从沈周对明初绘画的选择，可以看出他对于不同画家群体的态度。显然沈周追求包容不同观念而非排除异己。与明代画论家董其昌不同，沈周并没"确立正统"的兴趣。董其昌的理论已经渗透到方方面面，以至于后世很难不戴着有色眼镜去欣赏明初绘画。通过存世记录对沈周收藏卷的重建，表明吴门画派建立在一个并非狭隘而是十分广泛的基础上，这些基础既包括职业画家也包括文人画家。这种艺术氛围对于画家挖掘天分相当有利，周臣、唐寅、仇英以及沈周、文徵明等人为吴门赢得了经久不衰的声名。

宋后楣提出吴门画派在明朝永乐时期（1403—1424）以南京为中心[173]。虽然说苏州的画派以南京为中心听上去很奇怪，但这种说法的好处是有助于填补李铸晋所说的元代艺术中心与明代吴门画派之间的空白[174]。宋后楣列举了八位在苏州圈内非常有名且活跃于南京的文人画家：苏州的谢缙、苏复，江苏无锡的王绂，江苏昆山的夏昶，江苏华亭的金铉，浙江天台的陈宗渊，浙江奉化的卓迪，以及曾在浙江永嘉居住过一段时间的福建人陈叔起。她的结论是："他们都沿袭了元末文人画的传统，并强调对这一传统进行更加个人化的诠释。"[175] 而在我看来，这并不太符合我所见的史料，因为苏复师法元代职业画家盛懋，卓迪现存的一幅画作明显受到南宋风格的影响，而陈叔起现存的作品则保守地继承了北宋画风。我认为宋后楣博士在一篇本应很有推进的文章中，过于强调文人业余画家，并且对于元代文人画家的阐释过于个人化。她在文中确实简要地指出，宫廷官员对于宫廷画家与业余画家的赞助"致使画家对传统出现了全新的开放态度……"[176]，然而这一重要的观点并未深入下去，因为她的主要兴趣是探讨元代至明代文人艺术的演变。

如果我们仅仅关注元末明初苏州地区的绘画，而忽略了沈遇作为宫廷画家的贡献，尤其是他将自己最熟悉的宋代画院风格教授给一些苏州友人，那么我们就不可能对沈周与明代吴门画派的源流有充分的理解。重新梳理沈周的收藏卷后，我们了解到他对不同类型画家和风格都感兴趣，对于不同艺术中心如南京与北京画坛等亦十分了解。收藏卷中出现的画家，无论是职业画家还是业余画家，都把自己欣赏多元风格的能力传至后代。他们不仅复兴了宋代各类风格传统，同时也赞赏元代文人画家的成就。只有当我们了解大部分明初画家、赞助人与评论家提倡的对各类绘画传统的广泛的复兴，才能够理解往后吴门画家在诠释各类艺术风格时的自信与敏锐。[177]

（郭启冉审校）

注释：

1 这篇文章自我的博士论文《明初画家：沈周的前辈与师长》（*Early Ming Painters: Predecessors and Elders of Shen Chou*〈1427- 1509〉, Ph. D. dissertation, University of Chicago, 1984）衍生而来，是在斯德本教授（Father Harrie Vanderstappen） 以及芮效卫教授（Professor David Roy）的指导下完成的。本文的写作得到了

三项资助：美国东方学会中国画研究奖 (The American Oriental Society Award for the Study of Chinese Painting)、富布莱特 - 海斯海外学位论文研究奖学金（Fulbright-Hays Dissertation Research Abroad Fellowship）和惠廷学位论文写作奖学金（Whiting Fellowship for Dissertation Writing）。还得到了加拿大社会科学和人文研究委员会（Social Sciences and Humanities Research Council of Canada General Research Grant）的研究资助，该资助由维多利亚大学教师研究和旅行委员会（Committee on Faculty Research and Travel of the University of Victoria）提供。

　　2　近期关于吴门画家的研究论著有：史美德（Mette Siggstedt），"Zhou Chen: The Life and Paintings of a Ming Professional Artist"，*Bulletin of the Museum of Far Eastern Antiquities*，No.54 (1982): 1- 239；以及葛兰佩（Anne Clapp），*The Painting of T'ang Yin*，Chicago：University of Chicago Press, 1991.

　　3　除了依循早期风格所绘制的作品，我们还可参见徽宗时期翰林院侍读学士韩拙（活跃于约 1095—1125 年）的观点，他认为艺术的真实性体现在古代的名作中，是对绘画中空洞的、短暂的、普通的、轻浮的追求的一种必要的纠正。韩拙：《山水纯全集》，杨家洛编：《艺术丛编》，（台北）世界书局，1962 年，卷 10，第 200 页。

　　4　谢柏轲（Jerome Silbergeld），"A New Look at Traditionalism in Yuan Dynasty Landscape Painting"，*The National Palace Museum Quarterly*, 14 (1980): 1-35.

　　5　李嘉琳（Kathlyn Maurean Liscomb），"The Role of Leading Court Offcials as Patrons of Painting in the Fifteenth Century"，*Ming Studies*, No.27(1989)：34-62. 亦可见宋后楣（Hou-mei Sung Ishida），"Early Ming Painters in Nanking and the Formation of the Wu School"，*Ars Orientalis*, 17(1987)：81.

　　6　经典研究可参见艾瑞慈（Richard Edwards），*The Field of Stones：A Study of the Art of Shen Chou(1427-1509)*, Washington, D.C.：Freer Gallery of Art, 1962. 亦可参见高居翰（James Cahill），《江岸送别：明代初期与中期绘画 (1368—1580)》（*Parting at the Shore，Chinese Painting of the Early and Middle Ming Dynasty, 1368-1580*），New York: Weatherhill, 1978, pp. 60-96.

　　7　亦有将杜琼的出生日期写为 1396 年的，但他生于洪武二十九年十二月初五，即公元 1397 年 1 月 4 日。杜琼是当地著名的经学家。沈周为其写过一篇详细的传记以表示自己的敬意，收录于杜琼：《杜东原集》，王乃正 1677 年抄本，重印于《明代艺术家集汇刊》，台北"中央"图书馆，1967 年，卷 1，第 1—20 页。杜氏传记见富路特（L.Carrington Goodrich）及房兆楹（Chaoying Fang）编，《明代名人传》（*Dictionary*

of Ming Biography 1368-1644），New York: Columbia University Press, 1976，"杜琼"
条目及李嘉琳，"Early Ming Painters：Predecessors and Elders of Shen Chou(1427-
1509)"：179-184.

8　杜琼：《杜东原集》，第 131—135 页。杜氏虽称"二十余纸"，为了翻译的准
确性，本文以其记录的画家的实际人数代替了原有的模糊人数，尽管杜琼将这些画作的
创作时间精确为 1403 至 1426 年，但其中有些作品完成于 14 世纪晚期，有的则完成于
1426 年以后。

9　杜琼：《杜东原集》，第 131—132 页；《汉天师世家》，见《（正统）道藏》，
商务印书馆，1926 年，第 27 页；《皇明书画史》，蒋廷锡 (1669—1732) 编：《古今图
书集成》，（台北）中华书局，1964 年，第 486 册，第 22b 页中栏；孙鞌公编：《中
国画家人名大辞典》，(台北) 中华书局，出版日期不详，第 465 页。

10　江苏省淮安市博物馆：《淮安县明代王镇夫妇合葬墓清理简报》，《文物》
1987 年第 3 期，第 1—15 页；徐邦达：《淮安明墓出土书画简析》，《文物》1987 年
第 3 期，第 16—18 页，附录图版 4.3《撷兰图》；尹吉男：《关于淮安王镇墓出土书画
的初步认识》，《文物》1988 年第 1 期，第 65—92 页；江苏省淮安县博物馆中国古代
书画鉴定组：《淮安明墓出土书画》（下文作《淮安明墓》），文物出版社，1988 年，
图 18《撷兰图》（此处画家名为九阳道人）。张懋丞是正一教的第四十五代天师。

11　富路特 (L.Carrington Goodrich) 及房兆楹 (Chaoying Fang) 编，《明代名人传》
（Dictionary of Ming Biography 1368-1644），"张宇初"条目。

12　杜琼：《杜东原集》，第 132 页，此处用沈巽字"士偁"。

13　朱谋垔：《画史会要》，《四库全书珍本》，第 201—202 册，台湾商务印书馆，
1971 年，卷 4，第 25a 页。高居翰曾列举了故宫博物院收藏的一幅沈巽画作，并和张观、
刘子舆及赵衷的作品装裱在一起，见 James Cahill, An Index of Early Chinese Painters
and Paintings--T'ang, Sung, and Yuan, Berkeley: University of California Press, 1980,
p. 240。然而在与故宫博物院研究员杨伯达先生的私下交流中，他告知我这件卷轴还包
含了一位名为沈铉的画家的作品，名字与沈巽不同。这位沈铉名字中有"金"字旁，并
且"铉"的含义是深奥的。（译者按：此处应是作者未分清"巽"与"铉"读音，且铉
字并无深奥之意。）

14　这幅画有两个版本，现藏于美国旧金山亚洲艺术博物馆的版本，是 20 世纪后
根据美国大都会艺术博物馆所作的摹本，后者见班宗华（Richard M.Barnhart），Peach
Blossom Spring: Gardens and Flowers in Chinese Painting, New York: Metropolitan

Museum of Art, 1983, 图片编号 5、17、54、132。根据这幅画上的沈巽钤印可以知道是其所作，且它与 16 世纪赵原的一件山水画作装裱在一起。据文嘉 1562 年为这两幅画所作的题跋，文氏认为沈巽此作临摹自赵孟頫的画作。

15　朱谋垔记述了赵孟頫与胡廷晖共同修复了李昭道（约 675—758）的画作，并对胡廷晖临摹的唐代画作印象深刻。见朱谋垔：《画史会要》，卷 3，第 39b 页。

16　杜琼：《杜东原集》，第 132 页。

17　俞鹏字汉远。杜琼的著录表明，被称为诗人和山水画家的俞鹏，与善作山林春草的俞尚烟应是同一人，见杜琼：《杜东原集》，第 132 页。另可参见以下二书中关于俞鹏的记述。徐沁：《明画录》，于安澜编：《画史丛书》第 3 册，上海人民美术出版社，1982 年，卷 3，第 32 页。朱谋垔：《画史会要》，卷 4，第 37a 页。这两条著录都记载了一位来自上虞且字汉远的画家。

18　徐沁：《明画录》，卷 3，第 32 页。

19　朱谋垔：《画史会要》，卷 4，第 37a 页。

20　杜琼：《杜东原集》，第 134 页，用夏昶的字"仲昭"。

21　富路特（L.Carrington Goodrich）及房兆楹（Chaoying Fang）编，《明代名人传》（*Dictionary of Ming Biography 1368-1644*），"夏昶"条目。

22　见注 10 及《淮安明墓》，图 2。

23　杜琼：《杜东原集》，第 134 页。

24　方鹏：《昆山人物志》，微缩胶卷，卷 3，第 9 页。

25　沈周对王绂的兴趣，可参见李嘉琳，"Wang Fu's Contribution to the Formation of a New Painting Style in the Ming Dynasty", Artibus Asiae, 48(1987): 71-74。陈宗渊将在下文讨论。

26　参见李嘉琳，"Wang Fu's Contribution to the Formation of a New Painting Style in the Ming Dynasty", *Artibus Asiae*, 48(1987), 图 13、14；宋后楣，"Wang Fu's Three Gifts to Dingxuan", *Oriental Art*, 34 (1988), 图 1、6、7；以及舒陵：《夏昶的生平和他的两幅墨竹画》，《故宫博物院院刊》1981 年第 4 期。

27　杜琼：《杜东原集》，第 132 页。

28　朱彝尊：《明诗综》，《四库全书珍本》，第 1459 册，1983 年，第 15b 页。

29　有关王镇墓的参考资料见注 10；彩色图版见《淮安明墓》图 22，以及列文森（Jay A. Levenson）编，《1492 年前后：探索中的艺术》（*Circa 1492, Art in the Age of Exploration*），New Haven: Yale University Press, 1991, No. 307.

30   杜琼：《杜东原集》，第 133 页。用吴璃的字"子璜"。

31   杜琼：《杜东原集》，第 134 页。用卓迪的字"民逸"，以及马轼的字"景瞻"。

32   徐沁讨论了二者。见徐沁：《明画录》，卷 2，第 25 页。

33   徐沁：《明画录》，卷 3，第 29 页。

34   王偁：《虚舟集》，《四库全书珍本》，第 1237 册，卷 5，第 9a 页。随后徐沁记载永乐年间卓迪以擅长篆隶入翰林，未及授官便辞世了。见徐沁：《明画录》卷 2，第 25 页。

35   何良俊：《四友斋从说》，《纪录汇编》本，（台北）艺文印书馆，1966 年，卷 5，第 335 页。

36   徐沁：《明画录》，卷 3，第 29a 页；朱谋垔：《画史会要》，卷 4，第 2 页。

37   杜琼：《杜东原集》，第 134 页。

38   张昶：《吴中人物志》，微缩胶卷，卷 13，第 25a 页。

39   朱谋垔：《画史会要》，卷 4，第 20b 页。

40   岳正：《类博稿》，《四库全书珍本》，第 303 册，卷 2，第 5a 页；钱谦益编：《列朝诗集小传》，古典文学出版社，1957 年，乙集，第 182 页；陈田：《明诗纪事》，《国学基本丛书》，商务印书馆，1936 年，乙籤卷六，第 659 页。亦见富路特（L.Carrington Goodrich）及房兆楹（Chaoying Fang）编，《明代名人传》（*Dictionary of Ming Biography 1368-1644*），第 1080 页，以及"石亨""曹吉祥"条目。

41   此件作品著录于王杰等编：《石渠宝笈续编》，台北故宫博物院，1971 年，第 2866 页。画卷场景顺序是依据诗句而画，而影印出版时往往是各画家的作品印于一面之上。影印图版见于《辽宁省博物院藏画集》，文物出版社，1962 年，卷 2，图版 8—14。亦可见《辽宁博物馆藏画》，上海人民美术出版社，1986 年，图版 40—43。

42   我的推断依据影印图版而非原作。我将此画中的人物与李在《琴高乘鲤图》（上海博物馆藏）中的人物，以及马轼《春坞村居图》（图 16）中的人物进行了对比。李在名下也有一件《归去来辞图》，其上有马轼的题跋，落款为甲辰，故创作时间可能为 1424 或 1484 年。穆益勤将此画定为 1484 年。见穆益勤：《明代院体浙派史料》，人民美术出版社，1985 年，第 338 页。而我更倾向于高居翰在《江岸送别》中的判断，将此作定为 1424 年。高氏认为即便这件作品是伪作，但画上的题跋并不一定为伪。见《江岸送别：明代初期与中期绘画》，第 27 页。

43   杜琼：《杜东原集》，第 133—134 页。

44   韩昂：《图绘宝鉴续编》，《画史丛书》，第 2 册，卷 6，第 159 页；姜绍书：《无声诗史》，《画史丛书》，第 3 册，卷 1，第 14 页；以及《明画录》，卷 2，第 26 页。

45　何良俊：《四友斋画论》，《美术丛书·三集·第一辑》，世界书局，1947 年，卷 3，第 43、38—39 页。

46　杜琼：《杜东原集》，第 132—33 页。有关谢环最详尽的介绍，参见宋后楣：《元末闽浙画风与明初浙派之形成（二）：谢环与戴进》（*From the Min-Che Tradition to the Che School(Part 2): Hsieh Huan and Tai Chin*），《故宫学术季刊》1989 年第 7 卷第 1 期，第 1—15 页。

47　仔细辨认画面的话，可以看出杨荣坐在杨士奇和王直之间。最靠近仙鹤形象的是王直。参见 Alice R. M. Hyland, *Deities, Emperors, Ladies and Literati*, Birmingham: Birmingham Museum of Art, Alabama, 1987, 彩色图版 2，整幅作品的影印可参见图 1；亦可参见《江岸送别：明代初期与中期绘画》，彩色图版 2。此影印版本不完整，且缺少谢环自画像的部分。因此我们必须参看浙江省博物馆的藏本，见穆益勤：《明代宫廷与浙派绘画选集》，文物出版社，1983 年，彩图 6 及黑白图 9。受画人杨荣在其文集《杨文敏集》中记录了这件作品，见《四库全书珍本》，第 319—322 册，卷 14，第 1 页。

48　可参看《五同会图》卷，其中有吴宽 (1472 年进士)、王鏊 (1475 年进士) 以及其他人的画像，见《艺苑掇英》1986 年第 27 期，第 10 页。

49　胡俨：《颐庵文选》，《四库全书珍本》，第 318 册，卷 1，第 48b—50b 页、81a—82b 页。

50　杜琼：《杜东原集》，第 132—133 页。

51　《英宗实录》，卷 217，引自铃木敬（Suzuki Kei），"Min no ga-in-sei ni tsuite" *Bi jutsu-shi* 60 (1966): n.21。

52　这件山水画被影印于《艺苑真赏》，艺苑真赏社，1914—1920 年，卷 9。

53　根据杜琼在 1448 年为沈遇所作的传记，人们通常认为沈遇卒于当年。尽管在文中杜琼提及当年沈遇已 72 岁，并已经为自己预备好墓地与墓志铭，但是杜琼并没有说沈遇当年就逝世了。见杜琼：《杜东原集》，第 150—152 页。沈遇曾为沈澄作雅集图，杜琼作记文，其中暗示此时沈遇已 81 岁了。见杜琼：《杜东原集》，第 96 页。这足以说明沈遇在 1457 年时仍在世，且能够作画。在此我想感谢班宗华（Richard Barnhart）教授为我翻译了部分传记，见下文对沈遇 1458 年所作绘画的讨论。

54　杜琼：《杜东原集》，第 134 页。

55　杜琼提及沈遇曾追随青城的王汝玉以及锡山的王达学习，见杜琼：《杜东原集》，第 134 页、第 150—152 页。

56　杜琼：《杜东原集》，第 150—152 页。

57　张丑(1577—1643)：《真迹日录》，《四库全书珍本》，第 195 册，卷 5，第 24a 页。

58　杜琼：《杜东原集》，第 90—92 页。亦可参见江文苇（David Sensabaugh），"Life at Jade Mountain：Notes on the Life of a Man of Letters in Fourteenth Century Wu Society"，*Suzuki Kei sensei kanreki kinenkai*，*Chūgoku kaigashi ronshū*，Tōkyō：Yōshikawa Kobunkan，1981，pp.45-59，以 及 江 文 苇，"Guests at Jade Mountain：Aspects of Patronage in Fourteenth Century K'un-Shan"，Chu-tsing Li, *Artists and Patrons：Some Social and Economic Aspects of Chinese Painting*，Seattle：University of Seattle Press，1989, pp.95-96. 这件作品是由职业画家张渥所画，最新研究见 Deborah Del Gais Muller，"Chang Wu：Study of a Fourteenth-Century Figure Painter"，*Artibus Asiae*，47(1986): 5-50.

59　苏复，苏州人，初学盛懋，自四川绵州宦游归后，受当地与山水影响，改变了其原有的绘画方式。杜琼：《杜东原集》，第 95 页。李嘉琳，"Before Orthodoxy：Du Qiong's (1397-1474) Art-Historical Poem"，*Oriental Art*，n.s.vol.38 (no.2, Summer 1991)：99、102-103. 下文将谈到另两件沈周藏画卷中的作品。

60　杜琼：《杜东原集》，第 134 页。

61　杜琼：《杜东原集》，第 150—152 页。

62　徐沁：《明画录》，《画史丛书》，第 3 册，卷 2，第 25 页。

63　我没有见到原作，故无法判断这幅画的真伪。根据苏富比图录，Fine Chinese Paintings，1992 年 6 月 1 日，图版 4，以及一些彩色幻灯片，我目前的观点是：虽然从中可以看出沈遇所受南宋院体画风的影响，但我对这幅画的可靠性依旧有所保留，因有些部分画得十分平庸甚至有些许矫饰作风。若这件作品是真迹，只能说沈遇的确受到了晚辈戴进的强烈影响，但他缺乏戴进那种在有机的生命感与抽象活力间创造张力的能力。在通信中，班宗华博士告诉我这幅画已经损坏了，其中令人费解的段落或许是经过后来的画家修补而成。1458 年这个时间当无疑问，因为沈遇在前一年为沈澄画了雅集图，且我们并不知道他是何年去世的。在数年前，1454 年 9 月 24 日，沈遇为陈世本绘制了大幅雪景。见张丑：《真迹日录》，《四库全书珍本三集》，第 195 册，卷 5，第 24a 页。据苏富比中国书画部专家张洪(Arnold Chang)所说，收录于图录中的图版被裁得太靠左，以至于最后一行题字无法辨别。他向我提供了一份抄本，包括题跋的最后一行。受画人的名字虽未写明，但其头衔是"文学"，而曾作为官职名的"文学"通常是对师长的尊称。南山是终南山的另一种叫法，但也可能是位于江苏省的两座山之一。

64　姜绍书：《无声诗史》，卷1，第12页。

65　杜琼在其为沈遇所作的传记中，自称是沈遇的学生。见杜琼：《杜东原集》，第150—152页。

66　张昶：《吴中人物志》，第1326b页。沈周有言及其父沈贞曾跟随沈遇学画。见姜绍书：《无声诗史》，卷1，第12页。

67　彩色影印图版参见 Werner Speiser, Roger Goepper, Jean Fribourg, *Chinese Art: Painting, Calligraphy, Stone Rubbing, Wood Engraving*, New York: Universe Books, 1964，图版17。这幅作品描绘了谢安 (320—385) 携妓入东山的故事。

68　例如作于1467年的《庐山高》，是依循王蒙风格完成的。此件作品敷色更为细腻，但效果相似。这件作品藏于台北故宫博物院，影印彩图见王世杰主编：《故宫名画三百种》，台北故宫博物院，1959年，图版219。

69　有一件挂轴上有两方石锐的印章，见高居翰：《江岸送别：明代初期与中期绘画》，彩图1。杜琼：《杜东原集》，第132页。

70　郭纯以唐代李思训、李昭道风格所作的青绿山水，见金幼孜 (1368—1431)：《金文靖集》，《四库全书珍本》，第354—356册，卷8，第41页。后世画论著作记录了一件郭纯以董源（卒于962年）风格所画的作品，以及一件受李唐、刘松年（活跃于约1174—1224年）影响的作品。见顾复：《平生壮观》，（台北）汉华文化事业股份有限公司，1971年，卷10，第20页。斯蒂芬·利特尔认为郭纯是马夏的追随者 ["Literati Views of the Zhe School", *Oriental Art*, n. s. v. 37, n. 4 (1991/1992): 192.] 他没有给出文献依据，但我认为可能来自《画史会要》卷4，第12页，其中记录了郭纯因马夏画风受到君主的批评。朱谋垔记录的这个版本可能来自早年佚事的误传。叶盛的记载，则是郭纯批评他人用马夏风格作画，详见下文。

71　此画上有郭纯的印章及款署，故定为郭纯所作。彩色图版参见穆益勤：《明代宫廷绘画与浙派绘画选集》，彩图1；以及《中华五千年文物集刊·明画篇·一》，台北故宫博物院，1986年，第119—123页。

72　杜琼：《杜东原集》，第132页。有关郭纯仕途的更多细节参见其墓志铭，见黄淮：《介庵集》，《敬乡楼丛书》第三辑，第54—57册，卷9，1931年，第15b—17b页。郭纯的官职初为正六品的阁门使，后升为正五品。

73　谢柏轲根据夏文彦《图绘宝鉴》制作了一张表格，显示在元代并无任何人追随李唐画风。见 "A New Look at Traditionalism in Yuan Dynasty Landscape Painting", *The National Palace Museum Quarterly*, 14(1980): 22。

74 曹昭：《格古要论》，Sir Percival David: *Chinese Connoisseurship, the Ko Ku Yao Lun, the Essential Criteria of Antiquities*, London: Faber and Faber, 1971, p.25. 中文文本见第 14b 页。

75 杜琼：《杜东原集》，第 70—71 页。

76 有关周臣与李唐风格的关系，见史美德，"Zhou Chen: The Life and Paintings of a Ming Professional Artist", *Bulletin of the Museum of Far Eastern Antiquities*, 54 (1982): 41-48, 67-69, 103-08, 114-19, 133-36; 有关周臣的老师陈暹，见史美德，"Zhou Chen: The Life and Paintings of a Ming Professional Artist", *Bulletin of the Museum of Far Eastern Antiquities*, 54 (1982): 22-26。唐寅对李唐的学习，见葛兰佩，Tang Yin，第 6 章。

77 何良俊：《四友斋画论》，第 38—39 页。

78 叶盛在《水东日记》中引用，见《元明史料笔记丛刊》，中华书局，1980 年，第 35 页。

79 杜琼为沈周藏画卷所写的跋文中，提供了有关于戴进生平的最早记载："（戴进）初居北京，以画见重。无所荐达，晚乞归杭，名声益重，求画者得其一笔，有如金贝。"见杜琼：《杜东原集》，第 133—134 页。根据与戴进同时的黄淮（1367—1449）文集中的记载，可推断戴进在北京的官职。黄淮记 1428 年左右戴进被任命为宫廷画家，而宋后楣认为戴进此时可能并未获得官职。戴进未获得文官举荐，便寻求宦官的帮助，最终在给宣德帝献画时遭到谢环的诽谤。见宋后楣：《元末闽浙画风与明初浙派之形成（二）：谢环与戴进》，《故宫学术季刊》，1989 年第 7 卷第 1 期，第 7—8 页。

80 杜琼：《杜东原集》，第 134 页。（译者按：原文作"王质"，今统改为"汪质"。）

81 朱谋垔：《画史会要》，卷 4，第 13b 页。

82 徐沁：《明画录》，卷 3，第 31a 页。

83 杜琼：《杜东原集》，第 132 页。偶有记载庄瑾姓氏为张，但最早的资料以及杜琼都记载其姓为庄；刘溥：《草窗集》，东京静嘉堂文库藏刻本（钞本补配），卷 1，第 87b—88a 页；以及《水东日记》，卷 3，第 6b—7a 页。

84 张昶：《吴中人物志》，卷 10，第 23 页。

85 叶盛：《水东日记》，卷 3，第 6b—7a 页。

86 曹昭：《格古要论》，第 14b—15a 页。

87 有关王履《华山图册》的研究，见高居翰：《江岸送别：明代初期与中期绘画》，图版 1—2；《艺苑掇英》，1987 年，编号 1—2；薛永年：《王履》，上海人民美术出版社，

1988 年；李嘉琳，*Learning from Mt. Hua: A Chinese Physician's Illustrated Travel Record and Paintnig Theory*, Cambridge University Press, 1993, 其中影印了全部 40 张图。

88　见薛永年：《王履》，上海人民美术出版社，1988 年，第 39—40 页、第 42 页。跋文见录于朱存理，一说赵琦美 (1563—1624)：《铁网珊瑚》，台北"中央"图书馆，1970 年，卷 3，第 1377—1379 页。有关这篇文章的讨论见李嘉琳，*Learning from Mr. Hua*, pt. 2, ch. 3；亦可见于从上书修改而来的文章，"A Physician's Defense of his Incurable Obsession with Painting: Wang Lv's Preface to his Painting Models Album", *Res: Antbropology and Aestbetics*, 21(1992)。

89　根据《铁网珊瑚》对于《华山图册》的著录，沈云鸿曾经借阅过《华山图册》并将其跋文悉数抄录下来，《铁网珊瑚》的作者自云书中著录的内容皆转抄自沈云鸿。尽管《铁网珊瑚》的作者存在争议 [一说为赵琦美 (1563—1624) 作]，但涉及王履的部分很可能是由朱存理撰写，而朱存理与沈云鸿亦有交往。翁方纲：《复初斋文集》，《近代中国史料丛刊》，文海出版社，1969 年，集 43，卷 31，第 8a—9b 页。

90　例如有一件名为《竹居》的册页，纸本浅设色，因为其上出现了王绂的印章，故被定为王绂所作。从这件作品可以看出，王绂并不能完全掌握院体的斧劈皴与水墨晕染，见宋后楣 (Hou-mei Sung Ishida)，"Wang Fu's Three Gifts to Dingxuan", *Oriental Art*, 34 (1988), 图 11。

91　杜琼：《杜东原集》，第 133—134 页。

92　刘溥初以善医授惠州局副使，后调太医院吏目，是"景泰十才子"之一。焦竑：《国朝献徵录》(微缩胶卷)，卷 78，第 43 页。姚绶在为刘溥诗集所作的序言中提到刘溥在 1453 年前已去世 (《草窗集》序言，第 1a—3b 页)，因此我们可以推断刘溥去世的时间在 1450 到 1453 年之间。杜琼曾为刘溥作画并《赠刘草窗画》一诗。见杜琼：《杜东原集》，第 70—71 页。沈周曾为刘溥写了挽诗。沈周：《石田先生集》，《明代艺术家集汇刊》，卷 1—2，第 489 页。

93　刘溥：《草窗集》，卷 1，第 107b—108a 页。

94　见利特尔的文章，"Literati Views of the Zhe School", *Oriental Art*, n.s. v. 37, n. 4 (1991/1992)。

95　汪士元：《麓云楼书画记略》，1922 年，第 6 页。

96　关于前者可参见宫川寅雄 (Torao Miyagawa) 主编, *A History of the Art of China: Chinese Painting*, New York: Weatherhill/Tankosha, 1983, 图 57；关于后者

可参见高居翰，*Chinese Painting*, New York: Crown Publishers, 1977, p.93.

97　徐有贞：《武功集》，《四库全书珍本》，第 326 册，卷 5，第 32—33 页。

98　徐沁：《明画录》，卷 2，第 25 页，以及《画史会要》，卷 4，第 21a 页。

99　见上注 10，以及《淮安明墓》，图版 4。

100　杨士奇 (1365—1444) 梳理了这一师承脉络，并指出谢环在永乐年间被征召入宫。见杨士奇：《东里文集续集》（微缩胶卷），卷 4，第 16a—17a 页。陈叔起是福建人，但晚年住在永嘉。又见宋后楣，《元末闽浙画风与明初浙派之形成（一）：谢环与戴进》，《故宫学术季刊》1989 年第 6 卷第 4 期。

101　霍华德·罗杰斯（Howard Rogers）与李雪曼（Sherman Lee），*Masterworks of Ming and Qing Painting from the Forbidden City*, Lansdale International Arts Council, 1988, pp.33、112-113, 以及《中国历代绘画：故宫博物院藏画集》卷 5 明代第一部分，人民美术出版社，1986 年，第 6—10 页。在之前的出版物中，陈叔起所绘部分被误为王绂所作，见俞剑华：《王绂》，人民美术出版社，1961 年，图版 1、2、30、31。又见拙文，"Wang Fu's Three Gifts to Dingxuan", *Oriental Art*, 34 (1988), 图 7。我没有亲眼见过这幅画，依据的是俞剑华提供的资料。画作与黄性 1429 年的序跋见于张照等人编：《石渠宝笈》，台北故宫博物院，1971 年，第 1021 页。

102　例如日本大阪市立美术馆藏燕文贵的《溪山楼观图》。见宫川寅雄编，*A History of the Art of China: Chinese Painting*, New York: Weatherhill/Tankosha, 1983, 图版 48。

103　杜琼：《杜东原集》，第 135 页。

104　张丑：《清河书画舫》，1763 年池北草堂刻本，卷 12，第 114 页；又见卞永誉：《式古堂书画汇考》，（台北）正中书局，1958 年，卷 26，第 40 页。彩色图版见《中国历代绘画：故宫博物院藏画集》卷 5 明代，图版 1、40—41。比较著名的例子有上海博物馆藏 1463 年《天香深处》（影印于高居翰《江岸送别：明代初期与中期绘画》，图版 24），以及 1443 年的《南村别墅图》（影印于李铸晋与 James C. Y. Watt 编，*The Chinese Scholar's Studio, Artistic Life in the Late Ming Period*, New York: Thames and Hudson, 1987, No. 6）。关于这点的详细讨论与杜琼的其他作品，见李嘉琳，"Early Ming Painters: Predecessors and Elders of Shen Chou(1427-1509)", ch.7.

105　利特尔，"Literati Views of the Zhe School", *Oriental Art*, n.s.v.37, n. 4 (1991/1992): 200.

106　因为利特尔没有注明出处，我是根据现有的一些研究来判断的。参见卜寿珊

（Susan Bush），《中国文人画：从苏轼到董其昌》[*The Chinese Literati on Painting: Su Shih(1037- 1101) to Tung Ch' i-ch' ang (1555- 1636)]*, Harvard-Yenching Institute Series, no. 27, Cambridge, Mass：Harvard University Press, 1971, pp. 163-164；又见高居翰，《江岸送别：明代初期与中期绘画》，第 77—78 页。杜琼的诗歌参见《杜东原集》，第 70—71 页。

107　李嘉琳，"Before Orthodoxy: Du Qiong' s (1397-1474) Art-Historical Poem", *Oriental Art*, n.s.vol.38 (no.2, Summer 1991)：97-108.

108　杜琼称他为史公敏，字公谨（见《杜东原集》，第 133 页），这个称呼在其他材料中并不常见。其他的资料大多与杜氏的资料相近，都称史谨字公谨。如方鹏：《昆山人物志》，卷 3，第 8b 页。

109　杜琼：《杜东原集》，第 133 页。

110　杜琼：《杜东原集》，第 133 页；徐沁：《明画录》，卷 2，第 20—21 页；朱谋垔：《画史会要》，卷 4，第 6b 页。

111　史谨：《独醉亭集》，《四库全书珍本》，第 361 册，卷 2，第 25、27 页；卷 3，第 339 页；卷 1，第 14a 页。参见下文对谢缙（译者按：原文作"谢晋"，今统改为"谢缙"）绘画及史谨题跋的讨论。

112　杜琼：《杜东原集》，第 71 页、第 133 页。

113　这面墙上还有金铉的画作。见刘溥：《草窗集》，卷 1，第 76 页。

114　谢柏轲（Jerome Silbergeld），"A New Look at Traditionalism in Yuan Dynasty Landscape Painting", *The National Palace Museum Quarterly*, 14 (1980)：22.

115　徐沁：《明画录》，卷 2，第 25 页。

116　著录于王杰等编：《石渠宝笈续编》，第 1602—1603 页。又见穆益勤：《明代宫廷与浙派绘画选集》，图 4，第 161—162 页。

117　杜琼：《杜东原集》，第 132 页。

118　穆益勤引用了詹景凤《詹氏小编》一较为罕见的刻本，见穆益勤：《明代宫廷与浙派绘画选集》，第 115 页。詹景凤提及戴进有一件仿自朱民逸的作品，见詹景凤：《詹氏玄览编》，（台北）"中央"图书馆，1970 年，第 349 页。《中国历代书画篆刻家索引》卷 1 "民逸"条目仅有卓迪，因此可能是詹景凤误将"卓"写成"朱"。

119　夏昶曾应友人戴进之请，为其绘墨竹图。见吴升：《大观录》，台北"中央"图书馆，1970 年，卷 19，第 24—25 页；高士奇：《江村销夏录》，（台北）汉华文化事业股份有限公司，1970 年，卷 2，第 54b—57b 页。

120   徐沁：《明画录》，卷 3，第 29 页。如严嵩的收藏名单中，记录了一件马轼临仿郭熙的大幅作品，见汪砢玉：《珊瑚网》，卷 23，第 1350 页。

121   见王杰等编：《石渠宝笈续编》，第 1983 页。这件有马轼印章与款署的作品彩图影印版，见《故宫书画图录》，台北故宫博物院，1991 年，卷 6，第 131 页。

122   《阔渚遥峰图》常被影印出版，如霍华德·罗杰斯（Howard Rogers）与李雪曼（Sherman Lee）编，*Masterworks of Ming and Qing Painting from the Forbidden City*, Lansdale International Arts Council, 1988, cat. no. 3. 通过将这件作品与故宫博物院收藏的一件有李在款署的作品进行对比，可将这件作品归于李在名下。后者见杨伯达主编、肖燕翼编著：《中国古代美术》第十二卷"明一"，人民美术出版社，1985 年，图版 41。

123   见上注 10 以及《淮安明墓》，图 7。

124   徐沁：《明画录》，卷 3，第 29 页；朱谋垔：《画史会要》，卷 4，第 20b 页。

125   徐邦达：《淮安明墓出土书画简析》，《文物》1987 年第 3 期，第 17 页。

126   此件册页是住友集团（Sumitomo）的藏品，影印于郑振铎：《域外所藏中国古画集·明画·上辑》，上海出版公司，1947—1948 年，卷 12，图版 14。

127   有关苏复见杜琼：《杜东原集》，第 95 页；有关郭纯见《中国画家人名大辞典》，第 399 页；有关戴进见高居翰：《江岸送别：明代初期与中期绘画》，图 13、49，以及詹景凤：《詹氏玄览编》，第 349 页。

128   屠隆：《画笺》，见《美术丛书·初集·第六辑》，（台北）世界书局，1947 年重印本，卷 3，第 114 页。高居翰在《江岸送别：明代初期与中期绘画》中也讨论了后世职业画家对高克恭（1248—1310）的承袭。

129   参见李嘉琳，"Wang Fu's Contribution to the Formation of a New Painting Style in the Ming Dynasty", *Artibus Asiae*, 48(1987), 图 1-4。

130   杜琼：《杜东原集》，第 133 页。

131   杜琼：《杜东原集》，第 133 页。

132   此件手卷著录于顾文彬：《过云楼书画记》,(台北)汉华文化事业股份有限公司，1970 年，第 229 页。彩图参见中国美术全集编辑委员会：《中国美术全集·绘画编 6：明代绘画（上）》(下文简称《中国美术全集·明代绘画（上）》)，上海人民美术出版社，1988 年，图 60，第 70—71 页。

133   杜琼：《杜东原集》，第 133 页。

134   吴讷：《思庵先生文粹》，周耕云抄本（微缩胶卷），卷 11，第 6a—7a；卷 1，第 10b 页。杜琼也提到了金铉是如何获得官职的，见《杜东原集》，第 132 页。

135　杜琼：《杜东原集》，第 133 页。

136　韩昂：《图绘宝鉴续编》，卷 6，第 160 页。

137　关于高克恭见朱谋垔：《画史会要》，卷 4，第 17 页；关于王蒙见徐沁：《明画录》，卷 2，第 29 页。

138　例如，这类型的册页可见《中国古代书画图目·二》，图 1-0301，以及李嘉琳，"Before Orthodoxy: Du Qiong's (1397-1474) Art-Historical Poem", *Oriental Art*, n.s.vol.38 (no.2, Summer 1991): 图 5。

139　金铉的手卷见郁逢庆：《郁氏书画题跋》，(台北) 汉华文化事业股份有限公司，1970 年，卷 8，第 9a—11a 页；顾复：《平生壮观》，卷 10，第 47 页；王原祁等编：《佩文斋书画谱》，卷 86，第 22b 页。

140　郁逢庆：《郁氏书画题跋》，卷 8，第 10a 页。

141　杜琼：《杜东原集》，第 70—71 页。

142　来源于沈周在 1505 年所作的题跋，见张丑：《清河书画舫》，卷 12，第 1a—2b 页。彩图影印图版见《中国美术全集·明代绘画（上）》，图 72、89。

143　杜琼：《杜东原集》，第 133 页。

144　杜琼：《杜东原集》，第 70—71 页、第 94—95 页。

145　谢缙：《兰庭集》，《四库全书珍本》，第 369 册，卷 2，第 51 页。

146　顾复：《平生壮观》，卷 10，第 19 页。

147　杜琼：《杜东原集》，第 94—95 页。

148　杜琼：《杜东原集》，第 133 页。

149　与谢缙一同参与沈澄雅集的王汝玉 (1349—1415) 为谢氏临摹赵孟頫的画作题诗一首（王璲：《青城山人集》，《四库全书》，第 1237 册，卷 3，第 6a 页），而吴宽 (1436—1504) 则为谢氏临摹黄公望的画作题写了一段序文（吴升：《大观录》，卷 19，第 15—16 页）。

150　浙江省博物馆所藏谢缙画作是 1418 年据杜甫 (712—770) 诗意所作，以赠杜琼；彩色影印图版见《中国美术全集·明代绘画（上）》，图 44、图 51。虽然笔者只见过这件作品的影印版，但若考虑到谢缙同代人王绂对于王蒙风格的诠释，则会对这件作品的真实性持怀疑态度。谢缙的另一件作品《春山访友图》是为镏钢所作，上有驸马都尉王宁（卒于 1411 年）题跋。本件更像是 15 世纪初所作，影印于宋后楣，"Wang Fu and his Depiction of the Bamboo Garden, Zhu Shen Chu," *Oriental Art*, n.s. 36 (1990), 图 2；以及 Chuang Shen ＆ James C. Y. Watt, *Exhibition of Paintings of the Ming and*

Ch'ing Periods (Hong Kong: City Museum and Art Gallery, 1970)。上述两件画作表明谢缙将王蒙画风发展得更为简洁。另一件谢缙所作的挂轴上有金铉写于 1431 年的题跋，还有一小段未注明日期的沈周题跋，这件画作丰富了谢缙作品的面貌。见《艺苑掇英》，1986 年第 31 期。关于上述几件作品的讨论参见宋后楣，"Early Ming Painters in Nanking and the Formation of the Wu School"：84-86，图 11、14、16、17。

151   顾文彬：《过云楼书画记》，卷 3，第 3 页。单国霖：《谢缙 < 云阳早行图 >》，《上海博物馆集刊》，1982 年第 2 期，第 251—253 页。云阳是江苏丹阳的旧称。彩色影印图版见《中国美术全集·明代绘画（上）》，图 43、图 50。

152   谢缙：《兰庭集》，卷 2，第 4 页、第 26b—28a 页、第 40a 页、第 45b 页、第 56a—57a 页。

153   宋后楣，"Early Ming Painters in Nanking and the Formation of the Wu School"：74.

154   钱谦益：《列朝诗集小传》，乙集，第 217 页。

155   杜琼：《杜东原集》，第 90—91 页。

156   杜琼：《杜东原集》，第 150—52 页。

157   徐沁：《明画录》，卷 2，第 24 页。

158   杜琼：《杜东原集》，第 132 页。《明人传记资料索引》，台北"中央"图书馆，1978 年，第 529 页。有记载张宣曾将自己的名字从"瑄"改为"宣"（徐尊汤编：《江阴县志》，卷 6，说 1），杜琼又记为"暄"。

159   杜琼：《杜东原集》，第 135 页。

160   《孟子》2A：2，陈荣捷译，*A Source Book in Chinese Philosophy*, 63.

161   宋濂：《宋学士全集》，商务印书馆，1939 年，卷 25，第 943—945 页；点校版本参见俞剑华：《中国画论类编》，（台北）河洛图书出版社，1975 年，卷 1，第 95—96 页。喜龙仁（Osvald Sirén）作了简短概述，见 *The Chinese on the Art of Painting*, New York：Schocken, 1963, p. 124；亦见张珠玉（Ju-yu Scarlett Jang），"Issues of Public Service in the Themes of Chinese Court Painting", Ph.D. dissertation, University of California, Berkeley, 1989, 100。

162   董其昌：《容台集》，《明代艺术家集汇刊》，台北"中央"图书馆，1968 年，卷 11—14，第 l089—1090 页。董其昌对于杜琼观点的收录，可见王原祁等编：《佩文斋书画谱》，卷 16，第 86 页。

163   根据沈周为杜琼所作的《杜东原先生年谱》，杜琼在 1420 年曾因讲读大诰赴

北京。见杜琼：《杜东原集》，第5页、第10—11页。1463年杜琼在所作《天香深处图》
的题跋中暗示了数年前曾去过北京。见高居翰：《江岸送别：明代初期与中期绘画》，
影印图版24。又见李嘉琳，"Early Ming Painters: Predecessors and Elders of Shen
Chou(1427-1509)"：107-113.

164　富路特（L.Carrington Goodrich）及房兆楹（Chaoying Fang）编，《明代名
人传》（*Dictionary of Ming Biography 1368-1644*），"徐有贞"条目。

165　徐有贞：《武功集》，卷5，第50页。杜琼：《杜东原集》，第166页。《陪
徐天全夏仲昭游玉峰次韵》《同徐天全宴夏太常仲昭第次韵六首》《过沈石田有竹居次
徐天全韵》，见刘珏：《完庵诗集》，《历代画家诗文集》，（台北）学生书局，1975年，
第226—327页、第348页、第207页。最后一首诗曾被刘珏题于一幅画上，见龚建毅，
《刘珏＜烟水微茫图＞》，《文物》1986年第6期，第74—75页，图7。我对这件作
品的可靠性持保留态度，见李嘉琳，"Early Ming Painters: Predecessors and Elders of
Shen Chou(1427-1509)"：264-266.

166　沈周在一首悼念诗中提及了两人，见《石田先生集》，卷2，第371—372页。

167　徐有贞：《武功集》，卷1，第81页；卷2，第68—69页；卷5，第7—8
页、第24页、第32—33页、第37页、第40—41页、第45页、第50页、第57页、
第65—66页。

168　徐有贞：《武功集》，卷4，第66a—67b页。刘溥为沈澄及其子沈贞所作诗，
见《草窗集》，卷1，第14页、第116页；卷2，第105页。

169　沈周：《石田先生集》，卷2，第489—490页。

170　杜琼：《杜东原集》，第70—71页。

171　刘溥：《草窗集》，卷1，第11页、第32—34页、第80—81页、第7—90页、
第97—98页、第107—109页、第116—117页；卷2，第15—16页、第36页、第44页、
第58页、第98页。

172　夏昶画了三幅画来慰藉戴进，据说戴进在北京寒冷的环境中，怀念南方的竹木。
见王直：《抑庵文集》，《四库全书珍本》，第168—181册，卷6，第43—44b页。

173　宋后楣，"Early Ming Painters in Nanking and the Formation of the Wu School"：
73-115.

174　李铸晋，"The Development of Painting in Suzhou During the Ytian Dynasty"，
Proceedings of the International Symposium on Chinese Painting，台北故宫博物院，
1972年，第483—528页。

175 宋后楣，"Early Ming Painters in Nanking and the Formation of the Wu School"：89.

176 朱谋垔：《画史会要》，卷4，第13b页。关于宫廷官员赞助人的更充分的讨论，见李嘉琳，"The Role of Leading Court Offcials as Patrons of Painting in the Fifteenth Century"。

177 编者注：本书中的生卒年，均以作者原稿为准，除有明显讹误者加以按语修改，其他不作改动。

距离的礼物：作为一种灵感来源的中国山水画

＿＿马克·苏利文 (Mark Sullivan)

美国诗人、散文和随笔家、评论家，先
后获得明德学院学士学位、牛津大学硕
士学位、哥伦比亚大学博士学位。作品
曾发表于《葛底斯堡评论》（*The Get-
tysburg Review*）、《新英格兰评论》（*New
England Review*）、《南方评论》（*The
Southern Review*）等刊物。

＿＿文章出处

"The Gift of Distance: Chinese Landscape Painting as a
Source of Inspiration", *Southwest Review*, No. 3 (2007),
pp. 407- 419.

＿＿译者简介

徐丹丹，复旦大学文学博士，现为美国布朗大学艺术与建
筑史系博士生。

疏离恰恰体现在人与人之间距离的消除。[1]

——西奥多·阿多诺

　　让我们从一幅画谈起（图2.1）。在美国大都会艺术博物馆陈列中国画的展厅里，一幅正在展出的手卷描绘了一个相当经典的山水画场景。按照手卷的观看方式从右往左看，画卷以淡墨所绘的几株疏木和一个隐约如土坡的形状开端。有一个人独自站在土坡上，他比我们稍早一点进入画中（他与卷端只有十几厘米的距离）。一座空亭立于山石之后，其顶部清晰可见，这座亭子可能是这个画中人的目的地。这些元素均被绘于这幅约20厘米宽的手卷的下半部分。手卷上半部分被空白所"填满"，纸上的留白被理解为象征一片水域和隐约的纵深空间。

　　当我们继续往左看，略带遗憾地把那位画中人置诸身后——仿佛因为未知而勉强放弃一个稳定的停泊之处——这幅画的上半部分开始成形，就像一首奏鸣曲中第二主题出现时，第一主题中的土坡中止变为用留白表示的水。现在的主题是山，首先是用淡墨所勾勒的云雾缭绕的扁平状连绵远山，然后逐渐地用圆润的笔触，在更靠近观看者的空间，勾画出厚重带有褶皱的山崖。最后，如同使用大量跳进、发展性强的和弦，山的主题逐渐增强，变为崖面，几乎占据整个画面，直至画卷的中心。群山间布满了沙沙作响的林木，山顶有古寺一类的建筑。山顶边一处淡墨所绘的高耸山峰暗示着山外有更高的山峰。山石所蕴含的能量已然无拘无束。随着这段画面的结束，画卷如同乐章结

图 2.1 沈周 《溪山秋色图》 明 纸本水墨 纵 20.6 厘米，横 640.7 厘米 美国大都会艺术博物馆藏

束时一般, 开始平缓松弛下来, 山让位于水, 画面上方的远景消融在全然无形的淡墨中。我们再一次和画中的人物相遇, 有二人坐于一叶小舟上, 他们帮助我们横渡这突然而至的空白。尽管值得注意的是, 画家用简略的线条勾画了处于吃水线上的小舟的一部分——仿佛随着这段画面结束, 画卷上半部分往左, 留白开始重新占据主导位置。画的下半部分再一次变为画面的焦点, 因此使得整个构图成为一个整体：首先一些芦苇暗示了较浅的水域, 然后是以更为简寥之笔绘就的土坡和一些小屋, 这些土坡和小屋是如此程式化, 以至于它们看起来像示意图而不是逼真的立体描绘。这幅画以树收尾, 和画卷开端处的树相比, 画卷末端的林木更多, 枝叶也稍稠密。一座小木桥表明旅程可以继续, 林立的乱石仿佛是我们所走过的旅程的简短重奏。

以上是对15世纪画家沈周《溪山秋色图》(下文简称《秋色》) 的描述。全卷长约20英尺 (约6米), 所以思考这幅画所带领我们观览山水之旅的方式之一就是把这一旅程视为在空间里的步行。不过, 这张手卷原本的观看方式应是观者每次以约30厘米的长度在双手间展开来看。不管是沿着画卷漫步还是一部分一部分地摊开, 这幅画意在让观看者想象自己亲历其中, 从而营造一种游于画中之景的感觉, 而不是从一个固定的点来欣赏。在西方绘画中, 我们更加熟悉的是全然由大小所营造的绘画的物理性 (physicality), 像是拉斐尔祭坛画给人的天人合一的永恒感 (oceanic sensation), 或是透纳笔下壮阔的夕阳。而这里, 画给人的体验要更亲切, 仿佛那些看似简单的笔墨很明确地邀请观者在半路与它们相遇, 去完成笔墨的构想。事实上, 这幅画用单色水墨来表现秋色, 恰恰显示了沈周把画作留待观看者来参与的程度之高。

这幅画常在大都会艺术博物馆的轮换展品中展出。轮换展品是必要的, 这不只是在有限的空间展览几世纪前的作品所要求的, 也是由画在纸或绢上的图像的脆弱性所决定的。每当其展出时, 我总是被它的清晰、简练以及空间是用来分享的感觉所吸引。在沈周于明中期绘制这幅手卷时, 中国的山水画传统已经很悠久。我认为这幅画的空间感 (spaciousness) 和清晰性 (lucidity), 部分源于其自信地依赖被视为理所当然的传统。证据之一, 就是卷端土坡形状的末端至画纸稍上部分, 山的起始处之间的留白。这处留白看似笨拙，就好比演员错过舞台提示时停顿良久。实则并非如此，它停顿得恰到好处，就像舞者腾空跳跃时知道于何处以及如何着地。若与西方图像志（iconography）相类比，我们可以看到与之相似的娴熟技艺，比如约同一时期的画家弗拉·安吉利科（Fra Angelico），他的报喜画中低头的圣母可以唤起几个世纪以来表现这一形象的记忆。其叙事意义是如此明显，以至于它让画家得以自由地探索内在和外在光线之间的微妙关系。

就像在中国画中，看似没有内容或意义的空白自有其历史。它至少可追溯至北宋时期的巨嶂山水画。这些完美的挂轴山水，其巍峨的高山与林间倾泻而下的溪流所形成的壮美之景形塑了我们对中国山水画不可磨灭的期待。可追溯至10世纪和11世纪的山水巨匠，诸如李成、巨然，尤其是郭熙。郭氏以一层层被稀释得很淡的墨来表现烟岚和云气：山峰进而柔和起来，山谷间亦烟云缭绕。在其画论中，郭熙这位作画前神闲意定的道教实践者，很清楚地道明了物之形体与空白之间的平衡是其画之庄严不可或缺的一部分。"山欲高，尽出之则不高"，其论曰："烟霞锁其腰则高矣。"[2]郭熙的画中充满了这种神秘的留白，这是万物生于混沌的一种表现。

但沈周画中对空白的处理所援用的更为直接的前例是稍晚的元代山水画家倪瓒。讨论至此，我们似乎把这幅画当成了对自然的描绘，认为可能是沈周在苏州地区游玩时形于胸中然后落于笔的景象。事实上，这幅画比描绘自然之景更为复杂，它几乎融合或者说回应了沈周建立个人画风所受的艺术影响。正如美国大都会艺术博物馆对这幅手卷所附的文字说明所言，沈周在《秋色》中集大成地展现了他承袭自前代所谓"元四家"山水画的主要风格，手卷的每一段分别展现了"元四家"中某一家的笔法。画的最右部分使用的是倪瓒的笔法，倪氏的山水画以朴实的干笔和不断出现的"一河两岸"式构图为人所知。倪瓒笔下的山水空间富有诗意，它似乎宁静至极，或者说是近乎极度的克制。倪氏家境富裕，醉心艺术，据说还有洁癖。沈周选择了在画卷开端处表现倪瓒式的宁静，其画以平静的状态开端，这一状态与留白所唤起的无差别的虚空没有什么不同。事实上，沈周这位颇具代表性的文人画家是一个典范，他通过长时间学习前贤、模仿他们的成就，并带着同理心观察自然，从而发展其知识，建立其品味。接着通过中国学者们所说的三绝——画、诗、书，沈周表达了他对自然、人类在自然中所处的位置、人类社会状态的感受。沈周本可以模仿倪瓒使用留白的能力，一种让人立即向往画面所代表的宁静的能力，一种对人生命中一切都恰到好处之时的怀念，以及在画中对宁静状态的短暂体验。这里沈周运用留白是为了让观者在画卷中驻足片刻，也就是我之前所提到的作品第二段开始前的恰到好处的停顿，它提醒我们，人类能够凭直觉达到完美但不应沉浸其中。

对于这个我已经花了如此多笔墨来讨论的留白，我还有一个解释，它有助于我们了解倪瓒所经历的中国历史上动荡频繁的时期之一——元朝，我们更熟悉的说法是成吉思汗和他的继任者的统治时期。许多作为政府行政中枢的士人以及像倪瓒这样并不属于这一阶层但很富有的精英人士，他们没有与蒙古当权者合作，而是选择隐逸，如果必要的话，出家为僧或在乡下的别业隐居。所以，他们笔下的隐逸山水 (remote landscapes) 援用了一个在中国历史悠久的图像志传统，即把自然作为躲避动荡尘世的隐居之所。这些山水同时也是对他们处境的描绘，作为文化继承者，他们被迫从更广大的世界中退出。这些图像描绘了内在的放逐。倪瓒画作中留白处所包含的向往，源自这一具有双重含义的原初的纯净 (untouched purity)，既是栖隐之地，也是与世隔绝的标志。换句话说，这些留白让这一痛苦的深重清晰可见。尽管百年后沈周生活的明代处于休养生息之时，社会并不那么动荡，但士人阶层却深深地烙上了被打压的印记。沈周选了一种平静的生活方式。为了便于理解对士人的打压何以有如此大的影响，我们可以把这些文人画家的经历和现代在独裁统治之下承受残酷命运的艺术家相比，譬如费德里科·加西亚·洛尔迦，譬如王蒙（这位沈周在《秋色》第三段，画幅最为宽广处所师法的画家，因不堪牢狱之苦而死）。鉴于此，沈周的画卷描绘了另一种旅程，一种心理和文化上的旅程，通过热情的参与，这一旅程从平静的渴求变成了悲伤的顺从。

我可能花了太长的篇幅来讨论这幅手卷中的留白，因为我认为它揭示了关乎中国山水画魅力的本质。讨论这个传统的困难之处在于它既陌生又熟悉。对于大多数西方人来说，妨碍我们理解留白的语言和文化壁垒显然可见，而较为不明显的障碍其实是我们在这些作品中所看到的老套的图像——巍峨的高山和雾气缭绕的树林。尝试用新颖的眼光看中国山水画就像尝试讨论印象派画家笔下的风景而不去设想闪耀的田地、撑洋伞的女子、穿过古雅乡村的道路。在这两个例子中，有关某一题材的某种肤浅知识的传播——某些视觉风格和传统的流行——降低了我们去看眼前之画的能力。

在这幅画中，沈周用画纸来暗示纵深的空间。初看起来，似乎并不比毕沙罗（Pissarro）使用黑色之外的某种颜色来表示阴影更为引人注目。但在我看来，它唤起的是全然不同的世界观和审美理念，它在美国大都会艺术博物馆展厅中的立轴、扇面、册页、未完全展开的手卷等一系列作品中引起我的注意。讨论这一审美立场的方法之一可能不是去尝试描述这幅画看起来如何，而是去描述游走于画中旅程的体验。我已经把这样的效果和音乐相比拟，一种史卡拉第（Scarlatti）式的高度结构化但又富于流动性的感觉，另一个在我脑海中的比喻是简单的呼吸行为。更准确一点来说，这幅手卷就像一个长长的持续的呼吸，非常平静地开始，到某一个点吸满气紧张起来，然后能量消散，最后回到一种近乎静止的状态。

这种我们生活中无处不在却又很少被留意的节奏，很多都可以在中国山水画中找到——不仅在那些需要逐段体验的手卷中，也能在诸如马远的册页中找到。马远有名的构图方式，是将山水之景和人的活动聚合在画的一角，而将画面的其余部分，通常是宽广的天空，以留白呈现，显得很开阔。"一角"式构图在南宋宫廷风靡一时。在这类作品中，马远以富有棱角的强劲笔触，将大量的视觉能量集中在一个很小的空间中，然后开辟一块想象之地，在那里视觉能量消散，观者的视野扩展开来。因此，绘画给人的观感再一次变成关于空间的转入和转出，一种在回到源头前将自己挤压在细小边缘的扩张感。因为马远的绘画题材通常是士人在月下沉思或是孤独地凝视梅花，故我所说的这种扩张感就存在于画面本身：可以说，实际的主题正是这种先集中再放开的体验，这体验也为观看者所经历。

我在这些画作中发现的富有节奏的、呼吸般的特质也许并非偶然，它似乎是一种在画家、作品和观看者之间流动的运动（movement）。由 5 世纪的画家和批评家谢赫提出的"六法"之中，首先强调须以"气韵"[breath-resonance, 或许我们可以称之为"生命活力"（vital force）] 在画中创造如生命般的运动。换言之，这一可能是对中国绘画作出的最具影响力的论断，强调通过流动和活力而不是一味关注细节来创作令人信服的图像。尽管我们应该防止对这一原则作过于神秘的阐释——和西方绘画史一样，中国绘画史中既有超凡脱俗的艺术家，也有更具世俗情怀的艺术家——这种对活泼的生命力的关注形成一种图像传统，尤其是在山水画中，这一传统似乎明显更青睐相互牵涉的关联而不是以分割为基础的逼真描绘。正如当代艺术史学家方闻所言："当画家以及他作品的'气'引起了观众反应时，他的画便会在形象再现之外，透射出一种生机。"[3]

我们还应该避免过于泛化东西方看法的差异，认为东方代表着天人合一，而西方主张人类在自然中占据主导地位——避免这种看法是因为它们听起来有简化之嫌。与此同时，作为一个艺术史爱好者而非艺术史学者，我也无法证实这种说法正确与否。但是，中国画强调传"神"而非逼真地模仿自然的矛盾效果之一，就是在画中保留的这种空间感。尽管画作运用技巧邀请观者参与其中，不仅用空白之处表示景深，也依赖必须靠观者去"阅读"的诸如风格化的笔墨或是简化的形式，但是这些技巧的用意并不是让距离变得没有价值或是让复杂的空间关系变得理性。相反，它们是一种把观者带入山水画中的方法。仿佛以某种方式，我们可以维持观看开阔之景之感，那种敞开、清晰、视觉扩张的兴奋感，与此同时也在体验游走于林间小道的更亲密的空间感。让我惊叹的是，空间作为一个抽象的类别，本是用来分隔物体的，但在这些绘画作品中被转化成为连接的媒介，好比胶让中国的墨凝结成条状或块状，当墨色在水中溶解时，画面就像变戏法一样形成了。因此，这些画对空间的处理造成了双重的悖论：风格化的画法似乎比苦心的现实主义更能表现真实，距离唤起的不是疏离而是亲近感。让我们短暂地回到呼吸这个概念，它让我想起了里尔克《致俄耳甫斯十四行》里狂喜般的领会："这些宽广的地方已有多少是在我体内。"[4]

如果我们想想西方绘画自文艺复兴以来如何处理空间和距离的话，出现在脑海中的意象是窗户：空间常常会通过一个特定的视点来被展现，且透视线汇聚于视平线上的一点。实际上，布鲁内莱斯基（Brunelleschi）在演示其所发明的透视法时，他先将从佛罗伦萨大教堂门内的某个视点所看到的佛罗伦萨洗礼堂的样子用透视法画出来，然后让观者站在这个视点处，手持镜子放在画前，从画的反面透过一个小孔观看，镜中的洗礼堂（虽然是镜像是反的）似乎足以替代所看到的真实的洗礼堂的样子，这让观者大吃一惊。透视法让观者处于优势地位，而且我认为它引发了一种站在这里看那里的疏离感。它似乎给予了观者所有权——我的透视——与此同时，也让观者与所观之境隔了一层。

不管透视法后来如何经由巴洛克的戏剧性（theatricality）或浪漫主义抒情（lyricism）的更改，其理性化和挪用的冲动（空间基于测量）已经持续影响了我们在这个世界上对自我的认知。这些冲动（impulses）画出了分界线，将透视的网格放于我们所处的世界。透视网格强化了分隔，即使它看起来是把距离排布在一个系统中，让其触手可及。引言中阿多诺那句古怪机敏之言，涉及大众社会以实用交流的名义瓦解社会礼节的方式。这些技巧和传统给了我们一个有序的直线所形成的空间，并将我们和这个空间隔开。在一个与此相关的形而上的唯心主义的评论中，阿多诺表明拒绝这个方法的风险有多大："不以暴力的方式沉思，这一真理之乐的源头，以沉思者不把自己融入沉思的对象为前提，即保有距离的靠近（a distanced nearness）。"[5] 他似乎在说，我们可以把自己投射在一切之上，或者我们可以承认自己的局限，并邀请我们自身以外的事物参与到我们的创造中来。

毫无疑问，我立论时有点夸大两种传统的差异了。中国山水画有它自己的技法和传统来安排画中的空间。比如，中国画中会经常使用空气透视（远处的物体看起来更小更模糊），以及让远处的物体在画面中占据更高的位置来实现有层次的空间划分。我当然不否认欧洲风景画中诸如荷兰风景画、克劳德·洛兰（Claude Lorrain）与康斯太勃尔（Constable）风景画的美与画作所反映的画家的敏锐。然而它们与中国山水画相比，仍有一个关键性的区别。这个区别不易被讨论[6]，为了让大家了解我的意思，以下我将用一个可能有点争议的方式，即从两种传统中各选一首山水诗来代替图像本身进行讨论。这听起来似乎是个让人将信将疑的策略，但是我觉得这个对比可以让我们理解其中所包含的不同的艺术感知。第一个例子来自《廷腾寺》：

> 这一天终于来了，我再次憩息于，
> 　这棵苍暗的青桑树下，眺望着，
> 　一处处村舍场院，果木山丘，
> 　季节还早，果子未熟的树木，
> 　一色青绿，隐没在丛林灌莽里。
> 我再次看到这里的一排排树篱——
> 算不算树篱也很难说，无非是几行
> 　活泼欢快、野性难驯的杂树；
> 　一片片牧场，一直绿到了门前；
> 　树丛中悄然升起了袅绕的烟缕！[7]

　　我用这样一首认为自然的和谐力量能让我们免于忙碌世界"焦躁烦扰"的诗作例子，似乎有悖常理[8]。但这里我关心的不是诗歌主题方面的问题，而是这些描绘风景的诗句如何处理空间这一棘手的问题。有一点很明显，这些诗句在每一句靠近开头的地方提到了叙述者或观看者，很清楚地表明我们是通过他的视角来感知空间的，这似乎与前面讨论的窗户式的透视相呼应。此外，在我看来，这首诗有一种分门别类的特质，由反复出现的指示冠词、对场景中事物的罗列以及限定性从句的频繁使用可资证明。除了所引诗句的最后一行外，这首诗读起来充满了受某些观察所限之感。无论其如音乐般的韵律、句法，还是诗中所调动的感知，似乎都与诗人祈请的自然的和谐背道而驰（当然这个不一致是诗歌的力量所在；同样这里讨论的不是诗的成功之处，而是此诗处理风景空间的方法)。换言之，这些诗句似乎想把叙述者和其所见场景分开——它画出一块区域，展现区域内的事物——与此同时，又旨在融合观察者和被观察之物。

我的第二个例子来自唐代诗人王维，他在一个更小的空间里展现了一个更宽广的景致。我用的是杰罗姆·西顿(Jerome P. Seaton)所译程抱一《中国诗语言》中的译文：

鹿柴

空山不见人，但闻人语响。

返景入深林，复照青苔上。[9]

像华兹华斯的诗一样，这首诗某种程度上涉及返回和重新体验的现象，这很有趣，仿佛主要的感受只能于言外意会。回到论文的主题，我想强调的是，西顿和程氏在翻译时都力求忠实于王维的原文，故省略了所有的代词。这和前文所引华兹华斯的诗形成了强烈的对比。相较华兹华斯之诗，此诗营造了一个更开放的氛围。这首诗有一个叙述者及其视角，就像一幅画由一位画家所绘一样，但是省略人称代词的作用，在于对这一现象而非对叙述者本身进行强调，以此缓和叙述者、风景和读者之间的界限。就像沈周画里的留白一样，这首诗所描绘的空间让读者有参与感。这种写作技法的效果，如程氏所言："努力尽可能避免使用人称代词是出于有意识的选择。它孕育了一种语言，这种语言使得人称主语与存在物和事物形成了一种特殊的关系。为了消除主体的存在，或者说选择只是暗示其存在，主体内化了外在的元素。"[10]所呈现的风景，其细节具体而又概括(在西方诗歌中，我们对此技法已甚为熟稔，这归功于受此技法影响的艾兹拉·庞德与其追随者的创作)，这就加强了感知向外扩展、空间向内流动的感觉。这首诗就像一个被敲打的锣，当声音传开时，它也在我们的记忆中响起。或者换一种说法，诗歌的开放性——语法上的不确定、光影的片段——表现了诗人于山中行走时所体验的空间本身的和谐统一。这种"靠近的距离"(nearing distance)——也可理解为"空山"——被带入了诗中并得以保存。

西方风景画在某种意义上是有点让人轻视的题材。一开始它只是作为背景出现，比如基督被解下十字架背景中的山或是远处的城市，或是圣徒所处的荒野之地，又或是汉斯·梅姆林（Hans Memling）肖像画动人心魄的背景中如宝石般瑰丽的乡野和天空。其后，当风景本身成为画面表现的中心时，风景画经常仍有一种缺失感，用阿多诺的话来说可能是无意义的缺失（a "bad" emptiness）[11]。原先的主题，不管是宗教场景、神话故事，还是个人肖像，都被取代了，风景空间这个新题材本身，却似乎并不知道如何停止成为背景。像普桑（Poussin）和克劳德这样的画家，他们经常会在风景画中加一些轶事性或是风俗画的元素来掩盖这种被取代的焦虑。但在我看来，牧羊人和古代诸神只是减弱了绘画对其自身所想象的空间关系的参与。在这种语境下，我们今天对克劳德或卡米耶·柯罗（Camille Corot）研究露天作画的草图而不是其最终完成的作品更感兴趣，就显得很有意思。在这些最初的草图中，可以很清楚地看到，对艺术家来说，光线和空间要比信息和风景更为重要。

诚然，中国山水画中也经常包含轶事性的元素——士人凝神漫步、农民耕作或垂钓、行旅者沿山间小路曲折而行。但我并没有在这些人物身上，发现前述西方绘画中那种曾经的中心被替代之感，以及追求协调的负担。就像沈周这幅画起首处的那个人，他似乎比观者稍早一点步入画卷中，故也在那里停留片刻。中国山水画中的轶事性元素没有西方风景画中的那种缺失感和负担，可能是因其兴起之初，唐代画家聚焦于一个有力的象征体系，比如树木和石头代表坚定不移的耐力和力量，而山暗示退隐之意。尽管中国山水画在兴起之时，同样也只是作为背景中的叙述性元素。受道学和佛教的影响，没过多久，这种寓言式的表现方式就发展成一种更为抽象的有关山水空间本身的概念——物居于无之中——反映了动态的包罗万象的整体。我们可以把此时的山水空间视为一个改进的版本——一个也能让观者体验的画中空间——它是画家内在状态和宇宙进程的交汇。正如方闻所言："正是经过这种'体'的思考与反思，以及观察者与被观察事物之间能动的交流，人类才能够把握宇宙造化之功。"[12]这也正如身为画家兼作家的施美美（Mai-mai Sze）在其《绘画之道》中所言："在中国画最杰出的作品中，空间可以被描绘成一种精神之实（a spiritual solid）。"[13]

也许一则简短的艺术史寓言故事能让我们对空间这个矛盾混合体的本质有所理解。如前所论，元代画家倪瓒在其绘画生涯中，建立了标志性的处理空间的构图，前景是树和一座空亭，画面中心是一望无际的水面，画面上方的边缘是远山。这个构图是倪瓒花了一段时间才确立的。在建立这种风格之始，倪瓒把画面中的元素组合起来，更紧凑地放置在画面的下半部分，空白的空间留在画面的顶端，用来表示天空。倪瓒的这些早期作品，很像马远"一角式"的构图。和马远一样，倪瓒也经常在亭子中画一个或多个人物，用来表示画家自己或是画的观众。当倪瓒关于构图的观念变得更精妙时，他利用挂轴竖长的形制延展构图，把空白的空间从原先画面顶端的松散地带移到画面最中心的一块紧凑的区域（代表水）。因此，倪瓒在某种程度上引入了一种对于空间的自相矛盾的表现：画的中心什么都没有，画的主题在画的边缘。或者说画的主题是"无"？

在倪瓒的精品之作中，观者可以在画家所制造的优雅张力中体验到难得的宁静，一种注意力不断在有形和无形的转换中所获得的平静。在某种意义上，倪瓒走了一条与西方风景画传统完全相反的路，要取代的正是题材这个观念本身，取而代之的是无我的摇曳（an egoless flickering）。与此同时，在他的构图延伸之时，倪瓒去掉了亭子中那些可有可无的人物，所以这些赏景点也只有缺席或者取代本身，或者说它们所包含的是邀请？当然，正如倪瓒所打算的那样，它们的吸引力是强大的。甚至在600年之后，只要这样空着的空间在那里，它们似乎就一直在等待着我们的到来。在取代的最后一环，我们自己变成了主题，空白的空间填充了我们所见之景，我们观看的时刻填充了画中的留白。

（倪晨审校）

注释：

1 译者按：这句话引自西奥多·阿多诺《最低限度的道德》一书，见 Theodor Adorno, *Minima Moralia: Reflections on a Damaged Life*, trans. E.F.N. Jephcott (London: Verso, 2005), 41. 此文中所有尾注均为译者所加。

2 （宋）郭熙、（宋）郭思著，周远斌点校：《林泉高致·山水训》，山东画报出版社，2010 年，第 56 页。

3 方闻著、李维琨译：《超越再现：8 世纪至 14 世纪中国书画》，浙江大学出版社，2011 年，第 2 页。

4 《致俄耳甫斯十四行》第二部第一首，见里尔克著、绿原译：《里尔克诗选》，人民文学出版社，2006 年，第 499 页。按：作者所引里尔克诗句的英文译文是"How many regions of space have already been/ inside me"。

5 Theodor Adorno, *Minima Moralia： Reflections on a Damaged Life*, 89-90.

6 译者按：此句后原有"尤其是在这样一篇没有附图片的论文中就更难有力地证明"一句。因本次译本配有插图，为避免读者产生困惑，删除原文中此句。

7 此诗，译者采用了杨德豫的译文，见华兹华斯著、杨德豫译：《华兹华斯诗选》，外语教学与研究出版社，2012 年，第 133 页。

8 "焦躁烦扰"（fretful stir）是华兹华斯这首诗里的原词。

9 程抱一（François Cheng）的《中国诗语言》原文为法文，作者引用的是西顿的英文译本 *Chinese Poetic Writing*。为方便读者对照，译者将西顿的译文附于此。"Empty Mountains. None to be seen. But hear, the echoing of voices. Returning shadows enter deep, the grove. Sun shines, again, on lichen's green."程抱一所译王维《鹿柴》的法文译文，见程抱一著、涂卫群译：《中国诗画语言研究》，江苏人民出版社，2006 年，第 126 页。

10 翻译此引文时，译者参考了中文译本，见《中国诗画语言研究》，第 31 页。

11 此处译者在请教作者苏利文先生后，承前一句作了意译。对于不熟悉阿多诺著述的人来说，此词可能颇为费解。这里附上苏利文先生颇有助益的解释："我当时在思考，在阿多诺的笔下，一些术语是辩证的，兼具积极和消极的含义。所以可以有一种'好的'空白，它是开放的，为事物的成长提供空间。也可以有一种'坏的'的空白，让人觉得它是无力和无效的，且毫无衍生能力。"(I was thinking of the way that in Adorno's writing certain terms can be dialectical and have both positive and negative connotations. So there can be a "good" emptiness that is open and provides space and room for

growth, and a "bad" emptiness that feels null and void and is not at all generative.)

　　12　方闻著、李维琨译：《超越再现：8 世纪至 14 世纪中国书画》，浙江大学出版社，2011 年，第 58 页。

　　13　Mai-mai Sze, *The Way of Chinese Painting: its ideas and techniques, with selections from the seventeenth century Mustard Seed Garden Manual of Painting* (New York: Random House, 1959), 110.

沈周《苏台纪胜》：一件广为传摹画作的鉴赏意见

＿＿翁万戈

翁同龢五世孙，社会活动家、电影制片人、

诗人、藏家及艺术史独立学者。在艺术

史研究方面，尤其关注中国书画领域。

＿＿文章出处

Suzhou Sceneries by Shen Zhou: Authenticating a Much-

Copied Work , *Orientations*, No. 3 (2007), pp.40- 45.

＿＿译者简介

应非儿，美国波士顿美术博物馆中国艺术策展研究助理，布

朗大学中国艺术史博士生。

　　沈周是一位专职的文人画家，他也是开创明代（1368—1644）最重要画派——吴门画派的伟大书画家。作为家中第四代隐居处士，沈周和他的祖辈一样，规避了通常意义上科举入仕的道路。他选择留在家中全身心精研文艺，并达到了诗书画"三绝"的成就。在沈周毕生追求的这份事业中，他大获成功。

　　沈周生于相城，那里距苏州北城墙约15千米，地处阳澄湖畔。沈周的授业师都很出色，其中一位还收藏了大量的元代名家墨迹，包括黄公望（1269—1354）和王蒙（约1308—1385）的作品。这两位元代画家也对沈周影响深远。30岁前，沈周就因学识渊博而为人所知，但他始终拒绝出仕。他温和的性情与宽厚的处世方式却为他赢得了许多朋友，其中最为亲密长久的就是著名书法家吴宽（1436—1504）。沈周宽厚待人的事迹几近传奇，有一桩轶事就描述了一次巧合：沈周曾有位邻居，丢失了一件贵重的物品。邻居误把沈周家一件相似的东西当成他丢失的财物。为了不让邻居失望，沈周便仁厚地让他把东西拿走了。事后，这邻居偶然找到了自己的失物，想把之前拿走的东西归还沈周。沈周微微一笑，只问他：这不是你的吗？便不再深究。另一次，沈周花高价购入了一套善本书籍。但随后，他的一位友人发现这是自己丢失已久的东西。朋友提起某一章节应留有自己的笔记，沈周核实了这个细节，真的发现了这些笔记。他当即便将书籍还给了朋友，而且没有透露卖家的姓名。不过，这种慷慨有时也会招致问题：面对那些有求于他、急需现钱的人，沈周总是不假思索地在假冒他名义的伪作上落下署款。显然，这种善举会导致真伪鉴定方面的错讹。一位真正的鉴定家知道如何辨别伪作上绘

图 3.1　《苏台纪胜》之吴宽跋文　约 1490 年　16 开　纸本设色　纵 34 厘米，横 59.2 厘米　翁万戈旧藏（译者注：现已捐赠美国波士顿美术博物馆，文物编号：2018. 2767）

画和落款书风的不同，但普罗大众则很容易落入这种复杂的陷阱。

　　沈周的生活悠游闲适，这也得益于他的儿子擅长打理家事。由此，他才能随心所欲地发挥兴趣并常常外出旅行，造访太湖及家乡附近的古迹，遍观这些景致丰富的游览胜地。沈周会在绘画中回顾这些地方，并且用书法题写诗句。他最喜欢的创作形式是长卷和册页，尤其是后者，而这本《苏台纪胜》就是产物之一。它由 16 张册页组成，每张都是一幅开页，右边绘画，左边书迹。开页尺寸每幅高 34 厘米，宽 59.2 厘米（为描述清晰起见，我会将右侧一页编号为 a，左侧编号为 b）。此外，册页前后还各留有题跋。

　　最初一整开页上有两个大字"湖山"，随后一开页是另外两个大字"胜处"，兼带书家落款"长洲吴宽"，即之前提到的沈周挚友——吴宽。"长洲"曾是苏州的别名，而吴、沈二人都来自这一文化重镇。吴宽在沈周的绘画、书法作品后也留下了跋文（图 3.1）。现在，让我们先把注意力转向册页中的 16 开内容。

图 3.2　《苏台纪胜》之"与荆溪沈工侍登大潮山绝顶"

1a、1b 页：与荆溪沈工侍登大潮山绝顶（图 3.2）

沈工侍（工侍是官职称谓，意为工部侍郎）是沈周的一位朋友，也是他的旅伴：他的名字尚未可知，但他来自荆溪。荆溪临近江苏宜兴，位于太湖另一侧的苏州西部。大潮山很可能位于苏州市郊，但具体位置已不详。在左页的诗句中，沈周提到他们两人已经十年没见，而正是这位朋友提出了同去大潮山远足的建议。

2a、2b 页：过尚湖望虞山

尚湖和虞山都在我的家乡常熟，地处苏州北部。过去，常熟曾隶属苏州府。左页的长诗描述了沈周绕山泛舟的经历，从正午直到日落。

3a、3b 页：春暮登虎丘（图 3.3）

虎丘山在苏州城墙西北处，直至今日也是最热门的旅游景点之一。沈周的诗句表达了他对日渐衰老的哀愁——他的腿脚已不如往昔灵便，能够登临这样的地方、进行这样旅程的日子已经所剩无多。

4a、4b 页：宿白马涧（图 3.4）

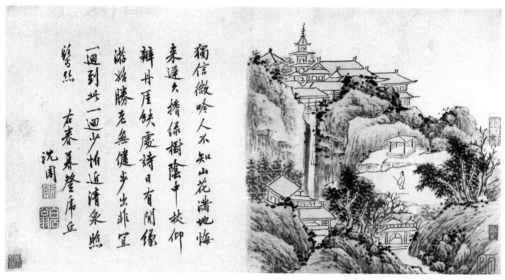

图 3.3　《苏台纪胜》之"春暮登虎丘"

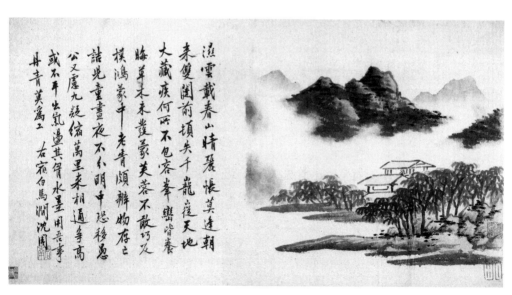

图 3.4　《苏台纪胜》之"宿白马涧"

因为时过境迁、名称变更，这条涧流以及册页中几处其他景致已经难以考证了。但毋庸置疑，它们都应该位于苏州或者苏州附近。这首长诗描述了浓云笼罩着山川与溪流，而画家笔下的水墨运用也呈现出了同样神奇的效果。

5a、5b 页：过一云

这又是一处不可考的地景。一旁的诗句表示这座山景致绝佳，值得再次造访。寺中的老僧喜欢诗画，所以沈周作了一首诗题壁。

6a、6b 页：晚过阳澄湖书所见

如前面提到的，阳澄湖离沈周的出生地很近。题诗是一首轻快的小律，赞扬了清新的田园景致以及淳朴温厚的乡民。

7a、7b 页：春日过天平山（图 3.5）

天平山位于苏州西部。壮丽的景色让沈周不禁抒发胸怀，使得他想要在"龙门"（一处不可考的名胜）长歌，即便无人旁听。

8a、8b 页：夏日偶过北寺小叙水阁

今天，只有建于 12 世纪的南宋九层塔留了下来。这个地方位于苏州老城墙的北城门附近。诗句勾勒出一幅生动的景致：在远离嘈杂都市的自然环境中，人们轻松惬意，在雅集中品茶饮酒，以诗文题壁。

9a、9b 页：舟中望虞山与吴匏庵同赋（图 3.6）

吴宽离开北京，回到苏州为父守丧（其父于 1475 年过世）期间，与沈周的关系变得格外亲密。归乡时，吴宽常常邀请沈周一起赏画对诗、相伴同游。这首随性的小诗表明：吴宽提议了此次虞山之游，而沈周欣然同往。

10a、10b 页：夏日过岩天道院

寺庙的位置已不可考。这首诗表现出对山林之乐的陶醉。最后一句"孤云渺秋岑"，暗示出夏日将尽。

11a、11b 页：泊百花洲效岑参

岑参是唐代（618—907）著名诗人，以写作西北边塞诗歌著称。百花洲的位置尚未可知。尽管诗中独坐夜舟、岸上灯火环绕的情境颇有些寂寥，但诗歌的语言仍然充沛且富有感召力。

12a、12b 页：游高道禅院

这座寺庙的位置不可知。根据诗句，虽然墙垣上充满了文人行旅者留下的纪念性涂写，但这个地方仍甚为荒芜。

13a、13b 页：春暮山行

这里没有给出具体的方位。画面左边题了一首游艺性很强的诗篇，描述了人们随性作诗饮酒的场景，而僧人静静合上门扉，无视赏山游冶之乐。

14a、14b 页：登阳山

阳山位于虎丘西侧五公里处。诗作表达了思念朋友、希望与之共赏美景的情绪，整体上更富装饰意味而缺少对画面的辅助性叙事，因此也难以获得有关地点、时间的有效信息。

15a、15b 页：雨中看山寄杨仪部（图 3.7）

这是一幅难得一见的、氛围感很强的画面，辅以一首致密友的恰切诗篇。如吴宽最后的跋文中所示，这整本册页最后作为礼物赠给了杨循吉（1458—1546）。

16a、16b 页：雪中过虎丘（图 3.8）

按照惯例，册页末尾一定是雪景图，用来喻示一年的终结和本册页的结束。一旁的诗作也与此主旨相关。

吴宽的跋文没有留下年款，但他指出杨循吉非常喜欢这本册页，且杨循吉还曾向吴宽展示过里面的内容。翻阅这些精彩的画作，吴宽回忆起曾经美好的时光，包括沈周长久的陪伴以及二人许多共同的短途旅行。杨循吉随后请吴宽题写画册引首的几个大字及最后的跋文。关于这本册页的断代，有几个明显的线索可以考虑。沈周《石田先生诗钞》中有 15 首关于杨循吉 1491 年卸任的诗篇。而吴宽提到杨循吉在得到这本册页时仍然在任，说明这本册页一定是在 1491 年以前完成的。此外，15b 页中未署年款的诗作正是沈周写给当时在礼部任职的杨循吉的。根据钱谦益（1582—1664）在 1644 年所

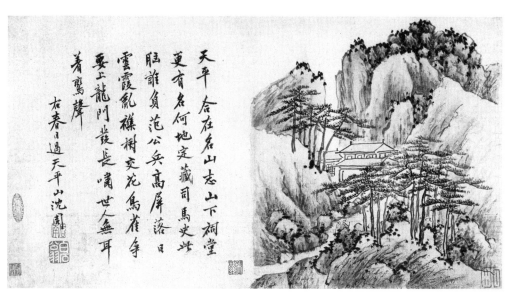

图 3.5　《苏台纪胜》之"春日过天平山"

图 3.6　《苏台纪胜》之"舟中望虞山与吴匏庵同赋"

图 3.7　《苏台纪胜》之"雨中看山寄杨仪部"

图 3.8　《苏台纪胜》之"雪中过虎丘"

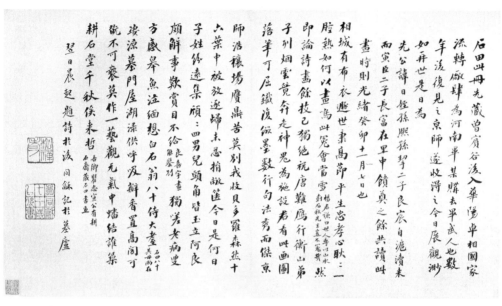

图 3.9　《苏台纪胜》之翁同龢跋文

辑录的《石田先生诗钞》，该诗作于 1488 年到 1495 年之间。因此，这件作品的绘制年代，应该是 1490 年左右，也就是沈周 60 岁出头的时候。

　　确定了这本册页的第一藏家，我们可以通过题跋得知之后的藏家。册页最后是翁同龢（1830—1904）的笔迹，写于光绪癸卯年（1903）农历十一月七日（图 3.9）。而其他藏家的印鉴，也为揭示文物流传提供了充足依据：

　　1. 杨循吉，第一藏家，他在 1491 年或稍早的时间获得了这本册页。

　　2. 张孝思（16 世纪末至 17 世纪上半叶），艺术家兼藏家，精于鉴定。

　　3. 汪文柏（17 世纪下半叶至 18 世纪上半叶），画家、诗人、藏家。

　　4. 王芑孙（1755—1817），书家、拓片及其他艺术品辑录撰写者。

　　5. 曾燠（1759—1830），诗人、画家、学者。

　　6. 秦恩复（18 世纪至 19 世纪），诗人，善本及书画藏家。

　　7. 卓秉恬（逝于 19 世纪中叶），高官。

8.毕登瀛（活动于19世纪），有艺术品收藏兴趣的武将。

9.翁同龢（1830—1904），同治、光绪帝师，书法家、善本古籍与书画藏家。他的五世孙翁兴庆（即翁万戈，生于1918年）在1919年继承了这本册页。

如前所述，这本册页有着近乎完美的递藏记录。其他诸多临摹本，有些较为相似，有些非常接近。鉴于此前该真迹并未被广泛出版，随着时间流逝，关于现存诸本间真伪问题的争论已经愈演愈烈。但通过比较伪作和真迹，鉴定家们应该能轻易地去伪存真。而此中要点，就是理解沈周之所以能够成为伟大画家与书家的可贵品质。

在绘画生涯的早中期，沈周学习了元代和明早期的诸多名家。令人惊讶的是，其中还有他的主要竞争对手戴进（1388—1462），即立足浙江的浙派奠基人。而对他影响最大的是黄公望、王蒙和吴镇（1280—1354），沈周后来的画作中也频频向他们致敬。艾瑞慈（Richard Edward）曾系统研究过沈周其人其艺，并在他诸多著作中都表现出深刻的认识，最主要的论述可参见他的代表作《石田：沈周艺术研究》（*The Field of Stones: A Study of the Art of Shen Chou*）。在他为《明代名人传》（*Dictionary of Ming Biography, 1368-1644*）所作的沈周词条中，艾瑞慈简明概括了沈周五十多岁变法的特点："他（沈周）明显有了更强烈的表现力，破除了特定的构图，描绘对象时用笔也更粗放。同时，他又保留了放松的笔意并凸显了个性化表达的重要性。这让他成为中国文人画史上的核心人物。"沈周在绘画以外的第二成就，就是书法。他学习黄庭坚（1045—1105）的风格，并在每个字的间架和整体的结构上注入了更多法度。沈周的笔力使得他的书法很难被仿造。诗歌是他艺术创作的第三个元素，也是评价沈周成就时会被提起的第三点。虽然他修辞丰富、譬喻多样，但他人生经历的局限以及行旅的奔波，剥夺了他成为真正伟大的诗人而能抵达的情感深度和广博意象。但沈周诗书画"三绝"的综合成就，放到中国艺术史上的任何时期，都是难以被超越的。

（雷雨晴审校）

参考文献（选）：

Richard Edwards, *The Field of Stones: A Study of the Art of Shen Chou*, Washington DC： Smithsonian Institution Freer Gallery of Art, 1962.

Richard Edwards, "Shen Chou", in L. Carrington Goodrich and Chaoying Fang (eds.), *Dictionary of Ming Biography, 1368-1644*, vol. 2, New York： Columbia University Press, 1976, pp. 1173-1177.

白雲如帶束山腰石
磴飛空細路遙攔倚
杖藜舒眺望欲回鳴
澗苔吹簫 沈周

沈周于诗作上的新尝试
——关于其对词语的创新运用

＿＿和泉ひとみ

（Izumi Hitomi）日本关西大学讲师，关西大学
文学博士。著有《列朝詩集小伝研究》（汲古书
院，2019 年）、《明人とその文学》（汲古书院，
2009 年）。翻译有李孝悌原著《恋恋紅塵　中国
の都市、欲望と生活》（《台湾学术文化研究丛
书》，东方书店，2018 年）、杨庆存原著《宋代
散文研究》（白帝社，2016 年）等。以上均有合
著者。另有《詩人の伝記と批評はどのように形
づくられるか—列朝詩集小伝を例に—》[《日本
中国学会报》（网页版），2017 年，合著]、《元
雑劇における尉遅敬徳像の形成について》（《日
本中国学会会报》第 59 集，2007 年）等论文发表。

＿＿文章出处

《続沈周詩の表現について—既存表現の独創的発展—》，
发表于《中国文学会纪要》第 30 号，2009 年，日本关西
大学中国文学会。作者对原文有所修定。

一、"守而未化"的转变

钱谦益在《石田诗钞序》中，评沈周诗曰：

> 石田之诗，才情风发，天真烂漫，舒写性情，牢笼物态。少壮模仿唐人，
> 间拟长吉，分刌比度，守而未化。已而悔其少作，举焚弃之，而出入于少陵、
> 香山、眉山、剑南之间，踔厉顿挫，沉郁老苍。文章之老境尽，而作者
> 之能事毕。[1]

这并不是钱谦益独创的见解。其实，沈周年轻时期曾写过纯属唐代风格的诗，但后
来因感不足而烧毁旧作，开始以宋诗为宗之事，祝允明早已提过：

> 公（指沈周）始爱予深，其子云鸿，又余表姊之家也。辱公置年而友，
> 昔命其子云鸿持诗八编，倩余简次。皆公壮年之作，纯唐格也。后更自不足，
> 卒老于宋，悉索旧编毁去。[2]

根据钱谦益的看法，沈周感到"更自不足"是因为自己过去写的诗"分刌比度，守
而未化"。意思是他探讨唐诗的境界所在，然后比对自己的作品，结果发现自己写的诗

还处在唐人划的界线之内，并未有所突破。

虽然无法知道沈周是什么时候烧毁自己年轻时写的诗，不过，从现存的几种刊本来看，对他年轻时写的诗的收录的确非常少。现存刊本中存诗最多的是万历年间出版的《石田先生集》（以下简称"万历本"）[3]，收录了一千多首诗。但遗憾的是，此刊本没有按照时间顺序收录诗作。根据以编年方式编的《石田先生诗钞》（以下简称"《诗钞》"）计算，从诗题和内容判断，成化十一年（1475）沈周49岁以前写的有：古诗34首、近体诗64首，共计98首，在《诗钞》中仅占约五分之一。（《诗钞》共收录古诗204首、近体诗350首，总计554首。）另外，根据复旦大学陈正宏教授在《沈周年谱》中的考证[4]，沈周诗中能确定为49岁以前写的有125首，约为万历本收录数的十分之一。至于39岁以前的作品则占比更少，《诗钞》仅收录了古诗3首、近体诗13首，共计16首。《年谱》里提到的也只有18首。根据以上情形，不难推测现存刊本里几乎没有收录三十几岁的作品，更不用说二十几岁的作品。连四十几岁的作品都仅占十分之一，大部分是50岁以后的作品。

果然如祝允明所言，沈周烧毁了其"不足"的诗作。由于几乎看不到沈周年轻时写的作品，要以作品为基础来讨论沈周诗的变化就变得比较困难。但是，笔者认为，通过解读留存下来的诗作，我们还能观察沈周如何从"纯唐格"转变而建立起出入杜甫、白居易、苏轼、陆游之间的风格。按理说，现存诗作已经脱离了"分刌比度，守而未化"的状态，可以说是达到"化"的作品。那么，只要找出其中包含非"纯唐格"要素的诗，就会知道沈周为了"化"所做的努力、所用的手法。

笔者曾经指出，在沈周的一些诗作里面能看到只有词体才有的词语以及宋元明时期出现的比较通俗的词语[5]。这一现象是沈周为"化"做出的努力之一。本文将继续探究沈周在诗歌转变上所用的方法，举出其创新运用词语的例子。

二、七言律诗《顾烈妇俞氏义事》——"玉精神"的应用

沈周热爱读书，熟悉古典书籍，在经、史、子、集各领域都有丰富的积累，其读书

范围还涉及佛经、《老子》等。他将读书所得的经验用到了诗歌的创作上[6]。用典是中国知识分子写诗时常用的手段。除了将前人作品中的词语融入自己的诗作外，沈周还进一步发展，尝试前人从未试过的语言组合。

在沈周的诗作中，以人物为题目的作品非常多。人物无论古今，有历史上的英雄、当代值得敬佩的贤者，还有应受谴责的贪官污吏和一些负面人物等。七言律诗《顾烈妇俞氏义事》就是其中之一：

> 剪锋刜落玉精神，要使匹夫识念真。
> 判死不教留好眼，示生无复见他人。
> 波翻银海伤珠颗，血迸金支破月轮。
> 表向胥门旧悬处，配成忠义激风尘。[7]

据序文，此烈妇是苏州庠生顾春的妻子俞氏。因病不起的顾春，再三嘱咐俞氏，自己死后一定要好好侍奉公婆、养育孩子。俞氏平日阅览史书和其他书籍，培养了道德精神，听到夫君的遗言，她只说"我会好好侍奉一辈子的"，然后便用剪刀划伤了自己的左眼，以示对丈夫的忠心[8]。在此诗的尾联，沈周将俞氏比作伍子胥，赞扬其极高的道德水平。他认为，俞氏自伤左目以示忠贞，正如伍子胥为亲眼看到吴国的灭亡，自尽前嘱咐将自己的双目悬在东门上。

此诗首联"剪锋刜落玉精神，要使匹夫识念真"，是歌咏俞氏的行为与信念。这里面的"玉精神"，显然是指俞氏的眼睛，以"玉精神"来描写眼睛是沈周的独创[9]。

"玉精神"的含义，很可能与"冰玉精神"相同。本义是如冰如玉般高洁的样子，用来比喻品行高洁的人。唐代康骈《剧谈录》卷下《洛中豪士》曰："弟兄列坐，矜持俨如冰玉，看羞每至，曾不下筋。"[10]这可能是将高洁比喻为"冰玉"的最早例子。"冰玉精神"或"玉精神"的表达则始于宋代，宋人在散文诗词中常用这些词，如以"（冰）玉精神"形容梅花的高洁：

　　　　　古瓶斜插数枝春，此即君家劝酒人。

　　　　　移取堂前双蜡烛，花边照出玉精神。[11]

　　至元代时，又以此词形容美丽的女人。《西厢记》第四本第三折，红娘唱的《端正好》，描述莺莺曰：

　　　　　因姐姐玉精神，花模样，无倒断晓夜思量。[12]

　　考虑到"（冰）玉精神"的发展流变，笔者猜测，沈周选择"玉精神"一词，除了注意到梅花与眼睛在视觉上的近似外，还考虑到这个词可以刻画俞氏的形象。也就是说，"剪锋刜落玉精神"，不仅表现俞氏拿剪刀划伤自己眼睛的事实，其中还包含另一层意思：俞氏为了消除他人的疑虑，她那如梅花般高洁的心怀也被伤害了。

　　如上所述，沈周在尾联以伍子胥比喻俞氏的忠义。但是，以伍子胥表现忠义是很常见的，在这里并没有新鲜的感觉。而"剪锋刜落玉精神"，将唐宋以来的常用词"玉精神"与"刜落"搭配来比喻眼睛，则有一种独特的新鲜感，使诗歌带有多重性和紧迫感（俞氏迫切的心情和沈周对俞氏的同情）。由此可以窥见，诗人一方面尊重前人积累下的成果，另一方面又在传统的模式中不断寻找一个新的切入点[13]。

三、"度世"——生命永不磨灭

　　五言古诗《生朝》表达的是过生日的感慨。沈周作有数首初度诗，其中有不少能知道写作时间。很遗憾这首没写明创作的时期。不过这首诗除了收录于万历本外，还见载于《石田诗选》（以下简称"《诗选》"）[14]。《诗选》卷六中有"庆寿"之目（附生辰），集中收录了生日所作诗歌，有些能明确知道写作时间。观察其排列，很容易知道这些诗是按照时间顺序排列的。因为此目中还收录了祝贺他人生日的诗，现在从中抽出沈周自己生日时吟咏的作品如下，括号中是作诗的年龄：

《六旬自咏》(60岁)、《六十一自寿》(61岁)、《生辰》(68岁)、《生朝自遣》(69岁)、《生朝》(不详)、《生日小酌》(70岁)、《七十喜言五首》(70岁)、《生辰》(71岁)、《庚申十一月二十一日生朝作》(74岁)、《生日漫言》(80岁)。

《生朝》诗排在69岁写的《生朝自遣》与70岁写的《生日小酌》诗之间。此外，《诗选》是以沈周去世前后的正德年间(1506——1521)刻本为底本，由此看来，《生朝》诗很可能是69岁或70岁时写的。该诗的前半部分云：

> 兹辰始度世，眇然留我形。
>
> 良荷生育德，允合天地灵。
>
> 寓品幸称男，耘籽充国丁。
>
> 衣裳贵其裸，岁月假以龄。

首句的"度世"一词，最早出现在《楚辞·远游》中："欲度世以忘归兮，意恣睢以担桥。"[15]洪兴祖补注曰："度世，谓仙去。"[16]此外，这个词有神佛救济世人之意，也就是佛教所谓的超度世人、揣度世俗、世间度日[17]。但在很多作品中"度世"是指"仙去"。

那么，《生朝》诗"兹辰始度世，眇然留我形"中的"度世"该如何解释呢？笔者认为，与这里的"度世"比较接近的，是《夷坚志》中车四道人的作为。

钱塘尉巡捕蔡元长在去往汤村的途中留宿某个旅馆，有一个道士来找他。向来喜欢与道士打交道的蔡氏愉快地接待了他。之后，蔡氏去哪里，道士就去哪里，每次都喝完酒后再回去。有一天喝到很晚，道士请求蔡氏让他借宿一晚，蔡氏便怀疑道士曾做过抢劫等坏事，正在四处逃亡。当晚，果然有几个捕快来捉拿道士，但是因为蔡氏睡在床的外侧而没有动手。等到早上，道士对蔡氏表示感谢说：

某乃车四也。赖公脱此大厄，又可活一甲子。已度世第三次矣。[18]

这个故事里面，道士本因寿命到期即将被送往黄泉，多亏蔡氏，才能延长六十年寿命，实现第三次"度世"。这里的"度世"，解释为成仙之类的并不恰当，但是考虑到"度世"的人就是道士，或许是某种与神仙有关的因素使道士在此世获得了新的生命，而不是像注 17 中符载的例子那样，只是在世间度日之意。

《生朝》的"度世"，当然不是成仙或超度世人的意思。如果只看第一句"兹辰始度世"，或许有开始在世间度日之意，但是第二句说"眇然留我形"（将我弱小的身体留在这个世界），那么解释为在世间获得生命之意，应该更为恰当。

不过，《夷坚志》中"度世"的是一个道士。虽说车四道人没有成仙，但还是与俗世的普通人有些差距。故事的最后，车四道人不顾蔡氏的拒绝，强行将炼金之药授给他，由此可以看出他并非常人。因此，车四道人能"度世"成功，应该和他的身份有关。

而沈周不是道士。他从未当过官，曾写过《市隐》诗，自认为是"城市的隐者"，就这一点来看，不能认为沈周与道教思想完全绝缘，但是他也没有疯狂地信仰道教。那么，为什么他要把自己的出生称为"度世"呢？毕竟，在《生朝》之前并没有这样的例子。

诗的第三、四句"良荷生育德，允合天地灵"值得注意。这两句表明，沈周认为生命的诞生是人接受了天地所培养的德，与天地灵魂相合才出现的现象。这种认知与《庄子》体现的思想极为接近：

> 是天地之委形也。生非汝有，是天地之委和也。性命非汝有，是天地之委顺也。子孙非汝有，是天地之委蜕也。（《知北游》）

> 道者德之钦也。生者，德之光也。性者，生之质也。（《庚桑楚》）

前者是舜问丞"吾身，非吾有，孰有之哉"时，丞的回复。后者的"钦"是尊崇之意。

> 生也死之徒，死也生之始，孰知其纪。人之生，气之聚也。聚则为生，

散则为死。（《知北游》）

　　天地者，万物之父母也。合则成体，散则成始。（《达生》）

　　夫王德之人，素逝而耻通于事，立之本原而知通于神。故其德广，
　其心之出，有物采之。故形非道不生，生非德不明。（《天地》）[19]

　　天地生成万物，生是天地依托混合阴阳之气的"和"，聚集气而产生的，散发着德的辉煌。根据这样的思想，人的生命也是在万物流转的连锁反应中。生命是天地暂时委托给每个个体的东西，时间一到气就会散掉，又回到流转的连锁中。《庄子》还说，有形之物因道而生，所以生命才具有德，才会明亮。

　　既然沈周说"兹辰始度世，眇然留我形。良荷生育德，允合天地灵"，说明他意识到自己也是万物流转的一部分。他认为，自己的出生不外乎是经过气的聚集，拥有了德的光辉，而后天地将这一生命依托在合乎道理的肉体之结果。这个认知会使沈周感觉到与肉体只是暂时性相对，而同万物相连的生命是永恒的。第八句"岁月假以龄"，也是由这个认知而引出的想法。虽然沈周既不是仙人也不是道士，但是他对生命有这样的看法，所以才选择意味着生命流转的"度世"一词[20]。

四、沈周学宋之处

　　前文所论沈周之诗，给词语增添了自己的解释，并将之运用在新的语境中。这一点可以说是沈周的创新之处。不过，这种手法与其说是沈周的创新，不如说是模仿了宋人。宋人将原有词语进一步发展运用，沈周的诗也吸收了这种做法。下面是七言律诗《奉和陶庵世父留题》其五：

> 比屋千竿见高竹，当门一曲抱清川。
>
> 鸥群浩荡飞江表，鼠辈纵横到枕边。
>
> 弱有添丁堪应户，勤无阿对可知泉。
>
> 春来又喜将于耜，自作朝云与暮烟。[21]

诗题中的"陶庵"，万历本作"忠庵"。"世父"应指沈周的伯父沈贞吉，而"陶庵"是贞吉的书斋名。此诗除万历本外还载于《石田稿》、《诗选》卷七以及《诗钞》卷五，诸本均作"陶庵"。此外，万历本为六首中之其四，但诸本为其五。沈贞吉有诗吟咏沈周的别墅"有竹别业"，这首诗是沈周的唱和之作。诗中将别墅附近的自然环境描绘为"鸥群浩荡飞江表"，还将别墅的破旧狭窄描绘为"鼠辈纵横到枕边"。这里的"鼠辈"，取字面意思，指的是老鼠。这个词也是侮辱人所用的蔑称。《三国志·魏书·华佗传》里记载，华佗谎称妻子生病而迟迟不回来。曹操知道真相后非常生气，荀彧劝他要宽容一点，曹操说："不忧，天下无此鼠辈耶？"在这里，曹操恨华佗，所以说他是"鼠辈"。后来，黄庭坚把这个词用来指老鼠，并带有戏谑意味：

> 秋来鼠辈欺猫死，窥瓮翻盘搅夜眠。[22]

沈周无疑借鉴了黄庭坚诗（或其他宋人的诗）中对此词的用法。此外，沈周在《挽东禅信公》中用了王安石诗中的用词。这首诗是沈周献给苏州东禅寺住持的挽歌，诗中描绘了住持生前的模样：

> 匝顶霜根七十强，笑呵呵地佛心肠。
>
> 掀翻赵老茶公案，踏破林仙酒道场。
>
> 屋掩云萝秋榻净，残径[23]松月夜窗凉。
>
> 我来借宿今无主，还拟呼之在醉乡。

"霜根"本来是指草木白色的根或常青树的根、苗。南朝宋王僧达的《和琅琊王依古》有"仲秋边风起，孤蓬卷霜根"[24]句。沈周此诗中的"霜根"明显是指住持的白发。这一用法可见于王安石：

> 青衫憔悴北归来，发有霜根面有埃。[25]

以上两个例子都是宋人将原有词语进一步发展应用，是早于沈周的先例，但这并不意味着沈周直接学习与承袭自黄庭坚或王安石的诗。如"鼠辈"的用法，除了黄庭坚外，陆游《鼠败书》诗、李弥逊《蝶恋花》词中也用作老鼠之意[26]。这可能是宋代比较普遍的用法。因此，与其说沈周承袭某一位特定诗人的手法，不如说他是学习了宋人的做法。

前两节提到"玉精神"和"度世"展现了沈周的独创性，关于这一点再作一些补充。如上所述，沈周使用的"鼠辈"和"霜根"等词，是宋人增添新义后常见的表达。那么，"玉精神""度世"等词，也可能是明代发展出的常用新义词，或许沈周不过是用了当时的常用语。以"玉精神"喻眼睛，以"度世"喻自己降生，这些表达会不会是明代的常见用法？完全排除这一可能性是很困难的。不过作为对比，可以看看下面的例子。

> 极目重云接地黄，丰年景象属山乡。
> 莎鸡在户开场圃，鸿雁来时足稻粮。
> 金粟乱垂霜下颖，玉坚初漏雨余房。
> 明朝新酒兼新饭，持向松楸奠夕阳。[27]

这首诗是吟咏农作物丰收的。第五句的"金粟"，从诗的主旨和上下句来看，应该是指成熟的稻穗。"金粟"最早出现在《商君书》中，指金子与谷物。后来在唐诗中，有时指金粟如来，有时指金粟堆或金粟山。在杨炯诗里还指头上的装饰品，韩愈诗里则为灯火或烛光。宋诗中的"金粟"指桂花或黄色的花，这可能是自唐代所指的灯光联想而来[28]。不论如何，明代以前，没有用"金粟"指成熟的稻穗的。可明清时期，除沈周的诗作外，还能找到其他以"金粟"代指谷物的例子。如万历年间出版的《三宝太监西洋记》第九十九回，元帅将诸国的贡品介绍给皇帝的场景：

> 十一国苏门答剌国。元帅奏上表章，黄门官受表。元帅奉上进礼单，
> 黄门开读。苏门答剌国进贡，金麦三十斛、银米三十斛、水珠一双……
> 礼物献上，龙眼观看，万岁爷道：金粟、银米取之太多，不伤于廉乎？[29]

这段记述中，贡品一览表所说的"金麦三十斛"，皇帝以"金粟"代指。这里的"金粟"显然就是"金麦"。此外，《四库全书总目提要》史部二十四《钦定热河志》中也有"山泽膏沃，金粟丰赢，曰食货"的记述。可见，将"金粟"作为谷物的别称（"金粟"的"金"，很容易令人联想到谷穗成熟后变成黄色），不是沈周独创的，而是他吸收了当时的普遍用法。

不过，前面所说的"玉精神"及"度世"，则与此不同。在沈周之前以及与其同时代的资料里面，都找不到与之相同的用法。因此，就这两个词而言，很可能是沈周在前人基础上发展出的新用法。

结语

吉林大学木斋教授曾指出："苏轼'以文为诗'的产生，乃是我国诗史发展的必然要求所致。"[30]"在散文领域，欧阳修、苏轼等人接过韩、柳'古文运动'的革新旗帜，开展了诗文革新运动……这一运动就其本质来说，是'自然艺术'对'人为艺术'的否定，是从韩柳以来'自然艺术'美学思潮不断上升和发展的产物。"[31]而苏轼是"这一运动的真正完成者"[32]。

"就主要趋势讲，我国诗歌自《诗经》《楚辞》之后，是在其艺术结构中日趋排斥散文因素的阶段：整齐排斥不整齐，韵排斥散，偶排斥奇，典雅排斥通俗，书面语排斥口头语，等等。"[33]"诗歌自六朝以来，形式美的追求将诗的'雕琢气''人工气'推向极致。李杜之后，'自然艺术'的审美思潮处于萌生和不断发展的时期，诗史提出了实现对'人为艺术'的彻底反拨，和进一步发展'自然艺术'的客观要求。"[34]"中国诗史经六朝至唐所形成的'诗'，是什么诗呢？如果从艺术形式上来考察，毫无疑问，就其本质而言是篇有定句、句有定字、字有定音、音分平仄，讲声律、对仗、对偶的近体诗。韩愈、苏轼等人的'以文为诗'，就是用便于表情达意的、形式较为自由的'文'，来改造这种形式方面过于束缚拘谨的'诗'。"[35]

在厌恶六朝以来的"人为艺术"或"韵文的虚伪"[36]的趋势中，苏轼以"自然艺术"为目标，在不违背艺术法则的前提下，用日常生活用语，将社会生活中产生的内在感情写在诗里。用日常生活用语写诗后，诗的词汇增多，从未被用过的词语（包括方言在内）也成为写诗时可供选择的素材。这种以苏轼为代表的宋人的挑战，为宋诗带来了与唐诗不同的艺术价值。

在现存的沈周诗中，吸收了宋词里才有的表达和经宋人创新运用的表达。笔者认为，力图摆脱"纯唐格"的沈周诗中的这一现象，就如同宋人为了变革唐诗形成属于当代的诗风而做出的努力，沈周也在努力践行这一点。

（程博悦审校）

注释：

1　沈周：《石田先生诗钞》，《四库全书存目丛书》集部第 37 册，齐鲁书社，1997 年，第 32—33 页。

2　祝允明：《刻沈石田序》，见《怀星堂集》，《景印文渊阁四库全书》第 1260 册，台湾商务印书馆，1986 年，第 705 页。

3　见《明代艺术家集汇刊》，台北"中央"图书馆，1968 年。

4　陈正宏：《沈周年谱》，复旦大学出版社，1993 年。

5　和泉ひとみ《沈周詩の表現について—詞及び非伝統的表現の使用を中心に—》（松村昂編《明人とその文学》所收，汲古書院，2009 年）

6　王鏊《石田先生墓志铭》提到沈周的读书范围以及读书经验和诗作的关系曰："先生……凡经传子史百家、山经地志、医方卜筮、稗官传奇，下至浮屠老子亦皆涉其要，掇其英华发为诗。"见王鏊：《王文恪公集》，卷 29，三槐堂刊本。另外，文徵明《沈先生行状》亦曰："先生既长，益务学。自群经而下，若诸史子集、若释老、若稗官小说，莫不贯总淹浃。其所得悉以资于诗。"见文徵明：《甫田集》，卷 25，嘉靖刊本。

7　本论文以收诗数最多的万历本《石田先生集》为底本，必要时酌情参考其他版本。《顾烈妇俞氏义事》诗，还载于四库全书本《石田诗选》，卷 6。诗题及序文中的"顾"字，《石田诗选》作"颜"。这两个字形确实相似，但万历本作了区分，其《白苧顾氏种荔核成树有感》诗在《诗钞》中也作"顾"，虽然《石田诗选》所依据的版本比较早，但此处暂定为"顾"。

8　诗序云："顾春吴庠生，娶俞氏，颇涉猎书史，有妇道。春患瘵不起，呼嘱好事舅姑，养子女，言切而再。妇曰：'一言当终身服行，何俟再四。'乃潜握剪，以利锋划于左目。流血满地，绝而复苏。春责曰：'何乃如此？'曰：'示君信也。'春遂卒。因咏其事一首。"

9　此据中国基本古籍库进行调查。

10　康骈：《剧谈录》，《学津讨源》本，广陵书社，2008 年。

11　戴复古：《郑子寿野趣烧烛醉梅花》，《石屏诗集》，卷 6，《景印文渊阁四库全书》第 1165 册，台湾商务印书馆，1986 年，第 653—654 页。

12　王实甫：《新校注古本西厢记》，明万历刻本。

13　另外，元人吕浦《月梅》诗曰："姑射风标不受尘，嫦娥偏爱与为邻。银蟾挂树孤山晓，药兔分香庾岭春。鉴影写成冰骨格，金波洗出玉精神。广寒不被秋香占，应著孤根在玉轮。"见吕浦：《竹溪稿》，卷上，《续金华丛书》，1924 年刻本。其中的"玉精神"，似乎是指月亮的高洁。可见，"玉精神"偶尔也指月亮。此外，沈周诗的颈联第六句"血迸金支破月轮"也用了"月轮"一词。这里的"月轮"也喻指眼睛。或许，一连串的联想浮现在沈周的脑海里：俞氏的忠孝（高洁的精神）→"玉精神"→梅花与月亮的高洁→烈妇圆形的眼睛。

14　沈周：《石田诗选》，《景印文渊阁四库全书》第 1249 册，台湾商务印书馆，1986 年。

15　朱熹：《楚辞集注》，《古逸丛书》，华东师范大学出版社，2017 年。

16　洪兴祖：《楚辞补注》，汲古阁本。

17　超度世人之例为《大宋宣和遗事》元集："斋罢，帝问（林）灵素：'朕建此斋，得无神仙降耶？'灵素曰：'陛下更须建灵宝大斋，肃清坛宇。其时必有真仙度世。'"揣度世俗之例为《三国志·魏书·徐宣传》："中领军桓范荐曰：'臣闻帝王用人，度世授才。'"世间度日之例为唐代符载《上襄阳楚大夫书》："载亦敢以肺肠之事干之，诚能回公方寸之地为小子生涯庇休之所，移公盈月之俸为小子度世衣食之业。"见《全唐文》，卷 608。

18　洪迈：《车四道人》，《新校辑补夷坚志》，甲志卷 16，涵芬楼藏严久能景宋抄本。此处原文如下：蔡元长初登第，为钱塘尉巡捕。至汤村，薄晚休舍。有道人壮貌甚伟，求见。蔡平日喜接方士，亟延与语，饮之酒而去。明日宿它所，复见之。又明日泊近村，道人复至。饮酒尽数斗，恳曰："夜不能归，愿托宿可乎？"蔡始犹不可，其请至再，不得已许之。且同榻，命蔡居外，己处其内。戒曰："中夜有相寻觅者，告勿言。"蔡意其奸盗亡命，将有捕者。身为尉，顾匿之不便也。然无可奈何，展转至三更，目不交睫。闻舍外人声，俄顷渐众，遂排户入曰："车四元在此，何由可耐？"欲就床擒之。或曰："恐并损床外人，帝必怒，吾属且获罪。"蔡大恐，起坐呼从吏，无一应者。道人安寝自如，撼之不动。外人云："又被渠躛了六十年。可怪，可怪。"咨嗟良久，闻室内如揭竹纸数万番之声，鸡鸣乃寂。呼从者，始应。问所见，皆不知。道人矍然兴谢曰："某乃车四也。赖公脱此大厄，又可活一甲子。已度世第三次矣。自此无所患。公当贵穷人爵，吾是以得免。如其不然，与公皆死矣。念无以为报，吾有药，能化纸为铁，铁为铜，铜为银，银又为金。公欲之乎？"蔡拒不受。强语乾汞之术曰："它日有急，当用之。"天且明，别去，后不复见。蔡唯其以说传中子翛。蔡死，翛家窜广西，赖是以济。蔡之客陈丙，尝为象郡守，云然。

19　庄周等：《庄子》，《四部备要》本，中华书局，1935 年。释义参照陈鼓应：《庄子今注今译》，中华书局，1983 年。

20　清道光二十七年（1847）出版的黄本骐《三十六湾草庐稿》卷 4 所收《嫒春词四十首》其六的自注曰："余于二月三日初度世，以此日为文昌诞辰。"这里的"度世"，与沈周诗中含义一样，指自己的诞生。黄本骐是沈周去世四百年之后的人物，故无法将之视为沈周的先例或同时代的用例。另外，宋代李昌龄《乐善录》卷 10 所记载的刘文饶的轶事、明代曹学佺《石仓诗稿》卷 32《寿雪关长老》诗，以及明代唐时升《三易集》卷 19《沈龙云寿序》中，能看到"度世"（均为超度世人之意）的人，"度世"的原因分别为：待人仁爱宽容的心，具有写作能力，治疗病人不论贫富。可见此类"度世"不需要宗教的力量。尽管如此，这些都与沈周诗中"度世"所指的生命的诞生不同。

21　"勤无阿对可知泉"，万历本作"勤无河对苦知泉"。阿对是汉人杨震的家童，尝引泉灌蔬。万历本作"河对"，为误。"将于耜"，《石田稿》作"荷于耜"，均通。

22　黄庭坚：《乞猫》，《山谷全集》，外集诗注卷7，《四部备要》本，中华书局，1936年。

23　"残径"，《诗钞》作"经残"。

24　见萧统：《文选·杂拟下》，宋淳熙本。

25　王安石：《次韵答陈正叔》，《临川集》，卷25，《四部备要》本，中华书局，1936年。

26　陆游《鼠败书》："惰偷当自戒，鼠辈安足磔。"李弥逊《蝶恋花》："夜枕不眠憎鼠辈，困眼贪晴，拚被风烟醉。"

27　沈周：《佳城十景为陈内翰缉熙作》之《沃壤西成》。

28　《商君书·去疆》："金生而粟死，粟生而金死……国好生金于境内，则金粟两死，仓府两虚，国弱。"李白《答湖州迦叶司马问白是何人》："湖州司马何须问，金粟如来是后人。"杜甫《韦讽录事宅观曹将军画马图》："君不见金粟堆前松柏里，龙媒去尽鸟呼风。"杨炯《老人星赋》："晃如金粟，灿若银烛。"韩愈《咏灯花同侯》十一："黄里排金粟，钗头缀玉虫。"范成大《中秋后两日自上沙回闻千岩观下岩桂盛开复舣石湖留赏一日赋两绝》："金粟枝头一夜开，故应全得小诗催。"

29　罗懋登：《三宝太监西洋记》，第99回，明万历刻本。

30　木斋：《苏东坡研究》，广西师范大学出版社，1998年，第152页。

31　木斋：《苏东坡研究》，第157页。

32　木斋：《苏东坡研究》，第157页。

33　木斋：《苏东坡研究》，第145页。

34　木斋：《苏东坡研究》，第157页。

35　木斋：《苏东坡研究》，第144页。

36　参见艾青：《诗的散文美》，《诗论》，生活·读书·新知三联书店，2012年，第99—103页。

朝鲜时代文人对明代
画家沈周的认识

__ 刘顺英

韩国弘益大学博士，主要研究领域为明

清时期中国与朝鲜的绘画交流、画谱以

及花卉画等，现为韩国文化财厅文化财

鉴定委员。

__ 文章出处

"명대 화가 심주 (沈周) 에 대한 조선시대인들의 인식"，

"문헌과해석" (《文献与解释》) 第 47 辑，2009 年，第

135—155 页。

__ 译者简介

宗千会，韩国延世大学文学博士，现为南昌大学人文学院

讲师。

　　沈周是明代中期江苏苏州的文人画家，在画史上被称为吴派创始人。代表明代画风的沈周及其弟子文徵明（1470—1559）在17世纪初被介绍到朝鲜，被评价为在朝鲜时代后期对南宗文人画的发展起到推动作用的人物。那么朝鲜时代的文人们了解哪些关于中国画家沈周的信息，又是如何评价他的呢？韩国和中国的绘画交流——严格来说是中国绘画对韩国的影响，我们将通过吴派创始人沈周来作进一步的探讨。

一、17世纪传入朝鲜的沈周信息

　　沈周被介绍到朝鲜，是因刊行于1603年，最晚在1614年传至朝鲜的《顾氏画谱》。在此之前，王世贞（1526—1590）的《弇州山人四部稿》传播至朝鲜，其中记录了包括沈周在内的吴派画家的绘画作品及题跋等内容，故当时朝鲜文人应已经知道沈周其人了[1]。但想进一步了解沈周的具体画风是非常困难的，因此只能通过木刻本《顾氏画谱》来了解沈周画风，可见该画谱的作用之大。

　　《顾氏画谱》中有一幅蚕吃桑叶的折枝画（图5.1）。这幅花卉草虫图是一幅与因花卉画和花鸟画而出名的沈周画风相符的作品。钱塘张振先撰文介绍了沈周的基本信息：

　　　　沈周，字启南，号石田，姑苏人。博学有奇思，为诗清新，皆不经人道语。

图 5.1 　《顾氏画谱》之"沈周画" 1603 年　　　图 5.2 　《诗余画谱》之"仿沈石田" 1612 年

　　字亦古拙。学黄大痴，法其善处，略其不善处，遂自名家。因求画者众，
一手不能尽答，令子弟模写以塞之，是以真笔少焉。

　　虽然篇幅很短，但却将沈周的文学倾向、诗、书法、画风以及作为画家的名气言
简意赅地记录了下来。文中提到沈周学习元代画家黄公望的画法，并借鉴了其他画
家画风，与沈周的绘画生涯基本相符。但严格来说沈周在初期和中期主要效法王蒙
（约1301或1308—1385）和黄公望，后期则效法倪瓒（1301或1306—1374）和吴镇
（1280—1354），尤其是以吴镇画风为基础而自成一家[2]。但该文只强调黄公望，应该是
由于该画谱出版时，元末四大家中只有黄公望名扬四方。《顾氏画谱》在朝鲜被传播并
接受的同时，黄公望的画论《写山水诀》也被介绍到朝鲜[3]。笔者认为张振先强调沈周是

黄公望画风的继承者，与当时黄公望仿画的大量出现，使其名声大振有关。

在1612年刊行的《诗馀画谱》中，也可获取关于沈周的信息。虽然不能从文献记录中确认该画谱的流入时间，但从其他画谱的流入时间推测可知，该画谱在17世纪传入的可能性最大。写有"仿沈石田"字样的插图（图5.2）是对苏轼《孤鸿》的图解——将在有太湖石和梧桐树的庭院中消遣的隐者刻画了出来。画谱中标记着"仿作"字样的作品与原作画风相差甚远，但在素材使用上与包括沈周在内的吴派画家作品相一致。

笔者推测，这一时期沈周的绘作已经流入到了朝鲜，可惜至今为止并未找到证明材料。由于比沈周活动时期略晚的唐寅（1470—1523）的美人图在1555年传入，弟子文徵明和苏州职业画家仇英（活动于16世纪初）的作品在17世纪传入朝鲜[4]，可以推测沈周的作品在这一时期也有可能流入：以职业画家身份进行绘画创作的唐寅和仇英的作品更多地流入到了朝鲜，在北京经历短暂官宦生涯的文徵明的名声有可能也比沈周高，但通过沈周在世之时就有仿作流传于世的现象来看，在当时沈周的名声一定也很大，那么他的绘画作品也就有可能传入了朝鲜。

许筠（1569—1618）从一位收藏者以及鉴赏家的角度表达了对沈周的认识。他从陈继儒（1558—1639）的《眉公十集》中引用了如下内容：

> 时吴有沈周先生，号能鉴古。尚古时载小舟，从沈周先生游，互出所藏，相与评骘，或累旬不返。成化弘治间，东南好古博学之士，称沈先生，而尚古其次焉。

实际上沈周收藏了包括黄公望《富春山居图》、王蒙《太白图》在内的大量作品[5]，最近的研究表明沈周还收藏了郭忠恕（？—977）的《临王维辋川图》。沈周不仅保有祖父沈澄（1376—1463）和父亲沈恒（1409—1477）的家传藏品，还与当时苏州著名的书画收藏家史鉴（1434—1496）、陈顾（1414—1487）等交游，他们共同赏玩古画并写下题跋[6]。

沈周之子云鸿也是收藏家，同被江南的收藏家们所仰慕，可从许筠所言中得以证实：

> 沈云鸿字维时，石田之子也。性特好古器物书画，遇名品，摩抚谛玩，喜见颜色。往往倾囊购之，菑畬所入，足以资是。缥囊缃帙，烂然充室，而袭藏惟谨。对客手自展列，不欲一示非人。至寻核岁月、甄别精驳，历历有据依，江南赏鉴家咸推之。

他们好古博雅的生活态度，为17世纪超俗审美的文人书画爱好风潮的形成起到了积极的作用。

二、18至19世纪朝鲜文人对沈周的认识

有相当数量的沈周绘画作品与相关书籍在朝鲜时代后期流入到了朝鲜。他被评价为书画收藏家、代表明代画风的文人画家，以及有着清新诗风的诗人。

在这一时期，出现了鉴赏书画作品的热潮。在这一热潮中，沈周被定位为拥有脱俗文人特点的书画收藏家的典型人物。李夏坤（1677—1724）看重古人的名迹，将就连单幅书画也要珍藏和欣赏的李秉渊（1671—1751）与沈周和王宠（1494—1533）被划为同一类型的收藏家[7]。

作为文章大家及诗人的俞晚柱（1755—1788）在《钦英》中抄录的沈周小传，也介绍了同样的信息：

> 先生风神散朗，骨格清高，碧眼飘须，俨如神仙。所居有水竹亭馆之胜，图书彝鼎，充牣错列，户屦填咽，宾客墙进，抚玩品题，谈笑移日。兴至对客挥洒，烟云盈纸。画成自题其上，顷刻数百言，风流文翰，

照映一时。年八十三而卒。

　　先生既以画坛名一代，片楮匹练，流传遍天下，而一时钜公胜流，
则皆推挹其诗文。谓以诗余发为图绘，而画不能掩其诗者，李宾之、吴
原博也；断以为文章大家，而山水竹树其余事者，杨君谦也。

　　俞晚柱同时将沈周的《悯日歌》与《废宅行》也抄录进来。沈周的诗作在朝鲜文人
中广为流传，是因为李麟祥（1609—1690）在看了《石田诗选》之后创作了50首的长篇
组诗——《落花诗》，并得到了赞誉的缘故[8]。沈周的挚友——文人吴宽（1435—1504）
以及沈周的弟子文徵明、苏州的职业画家唐寅和书法家祝允明（1460—1526）的小传
也一同被收录进来，可知明代中期苏州地区的文化倾向在当时已广为人知。

　　沈周被认为是符合这一时期审美标准的理想文人画家。姜世晃（1712—1791）将
沈师正（1707—1769）的《雨中归牧图》赞誉为"虽中国高手未能过此，若使石田、衡山
见此，当不觉惊而啼"，将沈周的画格作为评价标准[9]。申光洙（1712—1775）认为姜世
晃可与"王摩诘和石田"比肩，由此可看出沈周被认定为理想的文人画家[10]。

　　18至19世纪朝鲜文人们收藏或鉴赏的沈周绘画作品呈如下表[11]：

作品	出处	备注
《山水图》	《头陀草》卷8《题石田效石田体》	有沈周题诗
《山水图》	《头陀草》卷11《来朝阅石田画》	有莫是龙题诗
《山水图》	《苍霞集》卷2《题沈石田山水图》	
《莫碎铜雀砚歌图》	《观我斋稿》卷3《沈周莫碎铜雀砚歌图跋》	金光遂收藏
《山水图》	《观我斋稿》卷1《次岳下座中韵》	
《山水图》	《豹庵遗稿》卷1《次海岩谢示石田画》	柳庆种收藏

（续表）

作品	出处	备注
《风雨归庄》	韩国国立中央博物馆《八幅山水》	李昉运鉴赏
《江湖图》	韩国弘益大学博物馆《仿沈石田山水图》	郑遂荣鉴赏
《碧梧清暑图》	《芥子园画传》《沈石田碧梧清暑图》	姜世晃等鉴赏
《雪馆清话》	《青庄馆全书》卷56《名画目》	
《春（秋）山欲雨图》	《金陵集》卷2《沈石田秋山欲雨图》《金陵集》卷23《洪氏宝藏斋画轴》	南公辙收藏
《天都峰瀑布图》	《金陵集》卷23《天都峰瀑布图立轴绢本》	南公辙收藏
《画卷》	《金陵集》卷23《石田画卷绢本》	南公辙收藏
《湖山卷》	《金陵集》卷24《沈周湖山卷绢本》	南公辙收藏
题目不详	《阮堂集》卷3《与权彝斋》	

　　李夏坤看到的两幅画均是对山水之中隐居地的描绘，分别有莫是龙（1537—1587）和沈周的题诗。柳庆种（1714—1784）给姜世晃看的画使人联想到王维的《辋川图》——藏于烟云之中的山水画。郑遂荣（1743—1831）欣赏过的《江湖图》，南公辙（1760—1840）收藏的《湖山卷》和《画卷》都是将起雾的湖泊用淋漓的笔墨画出。《风雨归庄》《雪馆清话》和《春山欲雨图》呈现出季节感，是园林图、观念山水或米氏云山画法。由于沈周并没有登过黄山，中国文献亦未著录此图，因此《天都峰瀑布图》被认为是伪作。就像俞晚柱说的那样，当时正是沈周绘画的伪作大行于世的时期[12]。

　　金光遂（1699—1770）收藏、经赵荣祐（1686—1761）鉴赏过的沈周《莫碎铜雀砚歌图》，现如今作品已经失传，但却留有沈周确实创作了该作品的记录，并且可以通过石涛（1641—约1718）的仿作（图5.3）得以确认[13]。李麟祥的《二人物图》与这幅作品相类似[14]，并对朝鲜后期画坛起到了一定的影响。如李昉运（1761—1815后）的《清溪

图 5.3　石涛　《临沈周莫碎铜雀砚歌图》（局部）　清　纸本设色　美国普林斯顿大学艺术博物馆藏

图 5.4　李昉运　《芭蕉故事图》　朝鲜后期　纸本设色　纵 23.5 厘米，横 31 厘米　韩国国立中央博物馆藏

道人图》和《卧龙养闲图》中描绘了诸葛亮的故事，虽然书床上的器物有些许变化，但以芭蕉怪石为背景、人物相对而坐以及递刀的童子皆与沈周作品相类似。《芭蕉故事图》（图5.4）中只是童子的外貌变了而已，其余均效仿了《莫碎铜雀砚歌图》。

《碧梧清暑图》是沈周认知度最高的作品。姜世晃和李维新创作了模仿《芥子园画传》中沈周的该作品（图5.5）。虽然原作并没有流传下来，但可知沈周画过这一主题[15]，并以插图的形式出现在《芥子园画传》中，成为广为流传的沈周代表作。除了姜世晃和李维新的作品之外，俞晚柱欣赏过的《碧梧清暑图》[16]和李晚秀的弟弟李耆秀（1781—？）为徐荣辅（1759—1816）画的作品也流传了下来。姜世晃在《瓜翁十趣帖》中也描绘过类似的场景。

图5.5　《芥子园画传》之"沈石田碧梧清暑图"　1679年

图5.6　沈师正　《仿沈石田山水图》　1758年　纸本设色纵129.4厘米，横61.2厘米韩国国立中央博物馆藏

三、对沈周画风的理解与接受

关于朝鲜文人对沈周画风的理解以及接受情况，我们可以通过仿作和其他作品进行考察。沈师正一生作有三幅模仿沈周笔意的作品。1744年的《卧龙庵小集图》中题"雨后在卧龙庵乘兴仿石田"，虽然很难找到可以进行直接对比的沈周原作，但近距离观察事物的视角和构图、使用水分充足的墨，以及文人雅集的主题都与沈周绘画特征基本相符[17]。

韩国国立中央博物馆收藏的《仿沈石田山水图》（图5.6）是沈师正在部分地应用了沈周绘画主题的前提下，用自己的方式诠释画面构成和笔法的作品。位于中间的草屋和在对角线处的悬崖参照了《芥子园画传》收录的《沈石田碧梧清暑图》，但陡峭岩石的

图 5.7　沈师正　《仿沈石田山水图》（局部）　朝鲜后期　纸本设色　纵 30.5 厘米，横 52.8 厘米　日本东京国立博物馆藏

线条和斧劈皴是沈师正特有的笔法，从前往后的空间处理也是他独有的方式。日本东京国立博物馆收藏的《仿沈石田山水图》（图 5.7）山洞式的岩石绘画方式可以使人联想到沈周，整体画面呈现出沈师正后期作品中的南宗文人画风[18]。因此沈师正并不是严格遵照了沈周的画风，只是运用了沈周作品的风格来形成自己的画风，使人联想起沈周后期作品之特征。

　　在沈师正的仿作中，值得注意的是收藏于韩国国立中央博物馆的作品，以及金光遂的题跋。金光遂认为沈周传承了黄公望的画风，而沈师正继承了沈周风格[19]。将沈周和黄公望联系到一起的是董其昌（1555—1636）的文人画理论，而将沈周仅认定为黄公望的继承人，很大可能是参考了《顾氏画谱》中的评价。正如前人的考察，《顾氏画谱》是一部在 18 世纪画坛中有极大影响力的作品。但其中收录的画家信息与流传到朝鲜的绘画作品数量相比显然是不足的。

图 5.8　姜世晃　《溪山深水图》（局部）　1749 年　纸本设色　韩国国立中央博物馆藏

　　姜世晃和郑遂荣的仿作，体现了他们对沈周画风的理解。姜世晃在 1749 年 39 岁时，曾受绥之邀请，"绥之病中以此轴求画，即临玄宰水墨山水一幅。下有余纸，复作溪山深秀图一幅，盖意仿沈石田也"[20]。以湿润而柔和缓慢的笔法，描绘有着连绵不绝群山的江景（图 5.8），这明显参照了沈周传世湖山图类的作品。在涧松美术馆收藏的《物外闲居图》中，也可以感受到润墨及柔和缓慢的笔法，体现出以吴镇画风为基础的沈周后期绘画风格。用绿色淡彩描绘远山，也是沈周经常使用的绘画方式，这一点也见于郑弘来的作品中[21]。

　　郑遂荣作于 1806 年的作品（图 5.9）模仿了沈周的江湖图，描绘了在连绵不绝的矮山和坡岸之中闲适游荡的船只[22]。用较粗的淡墨和渴笔将江边的景色简略地勾勒出来，灰青色的渲染使画面更加生机勃勃。《仿黄公望山水图》中用自己独特的线条将黄公望的笔法重新进行了解读，画面的简洁感与笔墨的运用是沈周常用的营造氛围的方式。

图5.9 郑遂荣 《沈石田山水图》（局部） 1806年 纸本设色 韩国弘益大学校立博物馆藏

除了仿作以外，受到沈周画风影响的还有金喜诚（1710—1763后）的《曳杖逍遥图》（图5.10）。这是受到吴派画风影响的作品，在很早以前已经为人所知，构图上与沈周的《策杖图》（图5.11）类似，笔墨使人联想到《沈文山水合卷》中的场景（图5.12）。湿润粗放的线条与浓墨的苔点是沈周后期的绘画风格，通过与姜世晃和郑遂荣的仿作相比可明显看出这一风格。以《不染斋主人真迹帖》中的《西海风帆》和《卧云楼溪涨》[23]为例，这两幅画描绘了临崖俯瞰山村的隐者形象，从构图和笔墨上都明显受到了沈周的影响。

姜世晃欣赏过刘庆种收藏的沈周作品，通过他画的《碧梧清溪图》和《溪山深水图》可以了解到姜世晃已经十分准确地掌握了沈周的绘画风格。除了仿作之外，受到沈周画风影响的例子还有1782年也就是画家70岁时给孙子画的《药汁山水》（图5.13）。不仅在构图上，就连描绘山石使用的披麻皴和苔点，也使人立即联想起沈周的《三绝图册》（图5.14）。画面整体粗犷的风格，以及用浓墨点缀山脊的画法与沈周类似。

四、结语

本文对明代文人画家的代表、吴派创始人沈周被介绍到朝鲜的过程进行了简要介绍。沈周在17世纪以好古博雅的收藏家身份被介绍到朝鲜，同时其花卉草虫图和小景人物画，也通过《顾氏画谱》等书籍以插图的形态被介绍进来。朝鲜文人认为沈周是博

图 5.10 金喜诚 《曳杖逍遥图》 朝鲜后期 纸本水墨 纵 25.5 厘米，横 18.5 厘米 韩国国立中央博物馆藏

图 5.11 沈周 《策杖图》 明 纸本水墨 纵 159.1 厘米，横 72.2 厘米 台北故宫博物院藏

图 5.12 沈周、文徵明 《沈文山水合卷》之一 明 纸本水墨 纵 38.7 厘米，横 60.2 厘米 美国纳尔逊－阿特金斯艺术博物馆藏

图 5.13 姜世晃 《药汁山水》（局部） 1782 年 纸本水墨
私人收藏

图 5.14 沈周 《三绝图册》之一
明 纸本水墨 纵 28.5 厘米，横 25.5
厘米 故宫博物院藏

学、拥有"诗书画三绝"称号，且继承黄公望画风的文人画家，被誉为18世纪脱俗的文
人书画收藏家。随着沈周诗集以及诗歌评论的流传，沈周诗人之名得以传播。尤为重要
的是，流入到朝鲜的沈周绘画作品对朝鲜画坛产生了极大的影响。朝鲜画家们从欣赏
沈周的画风到积极地接受，沈周的画风甚至成为评价文人画家画风的标准。

　　正因沈周的影响如此之大，所以出现了多个版本的《碧梧清溪图》，金喜诚更大程
度地接受了沈周的画风，李昉运则灵活运用了沈周的构图法，但朝鲜画家们并不是直
接照搬沈周的画风。与其说沈师正全面地效仿了沈周的画风，不如说是部分地参考了
沈周绘画的主旨，使人在看到沈师正作品的时候联想到沈周绘画的特征。姜世晃和郑
遂荣在构图和笔墨上受到了沈周画风的影响，但在此基础上形成了自己独有的风格。
朝鲜文人在受到沈周影响之后，通过多种形式解读了沈周的画风，才使朝鲜画坛呈现
出多种多样的风格。

（许放审校）

注释：

1　关于两种书籍的传入可参考朴孝银：《朝鲜后期文人的绘画收集活动研究》，弘益大学硕士学位论文，1999 年，第 20 页、第 37—44 页。

2　James Cahill, The Distant Mountains: Chinese Painting of the Late Ming Dynasty, New York: Weatherhill, 1982；中村茂夫：《沈周 - 人と术》，文化堂书店，1982 年；阮荣春：《沈周》，吉林美术出版社，1996 年。

3　金起弘：《玄斋沈师正的南宗画风》，《涧松文华》第 25 辑，1983 年，第 42 页。

4　朴孝银，同 1；刘美那：《朝鲜中期吴派画风的传入——以〈千古最盛帖〉为中心》，《美术史学研究》第 245 辑，2005 年，第 75—82 页。

5　陈正宏：《沈周年谱》，复旦大学出版社，1991 年，第 107—109 页。

6　Hou-mei Sung Ishida, "Early Ming Painters in Nanking and the Formation of the Wu School", Ars Orientalis（17）1987；金信永：《明代石田沈周的仿古绘画研究》，弘益大学硕士学位论文，2002 年，第 30—33 页。

7　李夏坤：《题一源烂芳焦光帖》，《头陀草》，卷 18。

8　申翼澈：《李凤焕的椒林体和〈落花诗〉》，《韩国汉文学研究》第 24 辑，1999 年，第 220—222 页。

9　《朝鲜时代绘画展》，大林画坊，1992 年，第 124—125 页。

10　申光洙：《寄光之》，《石北集》。

11　该表笔者参照以下论文并进行了补充。李善玉：《沧轩李夏坤的绘画观》，首尔大学硕士学位论文，1991 年；文德熙：《南公辙 (1760—1840) 的绘画观》，弘益大学硕士学位论文，1994 年；朴孝银：《18 世纪朝鲜文人的绘画收集活动和画坛》，《美术史学研究》，2002 年，第 233—234 页。

12　黄晶渊：《朝鲜时代书画收藏研究》，韩国学中央研究院，2007 年，第 324 页。

13　《莫碎铜雀砚歌并图》，《红豆树馆书画记》，卷 8。

14　柳承旻：《凌壶观李麟祥（1710—1760）的书法和绘画在书画史上的地位》，高丽大学硕士学位论文，2005 年，第 131—136 页。

15　《碧梧馆山图并题》，《碧梧仙鹤图并题》，《式古堂书画汇考》，卷 25。

16　俞晚柱：《钦英》，1779 年 11 月 18 日。

17　图见《涧松文华》，卷 73, 2007 年，第 5 页。

18　关于沈师正的绘画作品，可参照李礼成：《玄斋沈师正研究》，一志社，2000 年。

19　"黄大痴传沈启南，笔端虚实妙相无。满山草树皆空幻，东国玄斋继盛三。"

朴孝银，同 1，1999 年，186 页。

20　边英燮：《豹庵姜世晃绘画研究》，一志社，1999 年，第 67 页；《苍松不老：豹庵姜世晃》，首尔艺术中心、首尔书艺博物馆，2003 年，第 362 页。"绥之"似为李福源（1719—1792），其弟子李晚秀、李耆秀兄弟仿作了沈周的《碧梧清溪图》，并题诗。

21　韩正熙：《姜世晃对中国与西洋画法的理解》，《豹庵姜世晃和 18 世纪朝鲜的文艺动向》，豹庵姜世晃展纪念研讨会、首尔艺术中心、首尔书艺博物馆、韩国美术史学会，2004 年，第 75—83 页。郑弘来的作品见《山水画》（下），《韩国的美》第 12 辑，中央日报社，1987 年，图版第 25 页。

22　关于郑遂荣的题跋可参照朴晶爱：《之又斋郑遂荣的山水画研究》，弘益大学硕士学位论文，1999 年，第 74—75 页。

23　权伦庆：《对朝鲜后期〈不染斋主人真迹帖〉的考察》，《湖岩美术馆研究论文集》第 4 辑，1999 年，第 138 页。

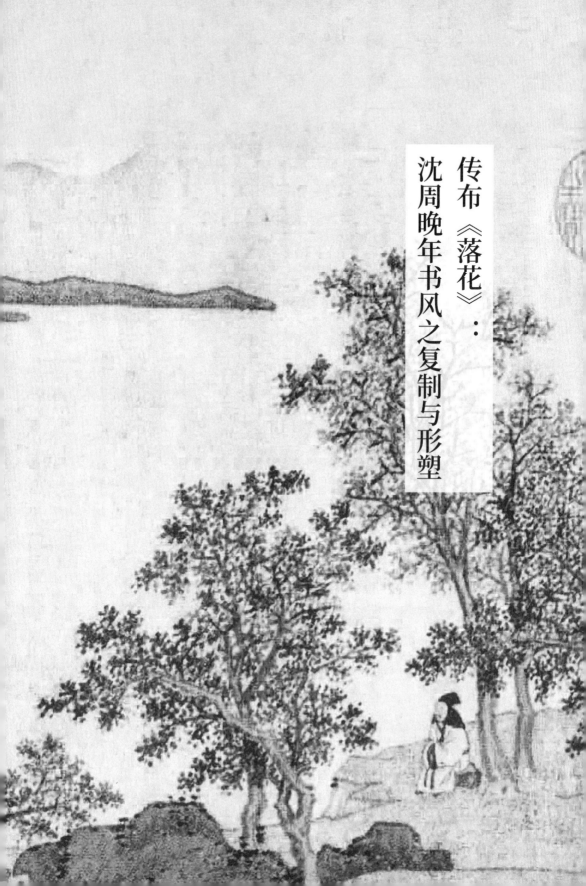

传布《落花》：沈周晚年书风之复制与形塑

__ 石慢（Peter Sturman）

美国加利福尼亚大学圣塔芭芭拉分校艺
术和建筑史系教授。1988 年获美国耶鲁
大学艺术史博士学位。研究领域为中国
书法史和绘画史，尤关注文字与图像的复
杂关系。其研究主要关注北宋及其后的
文人文化，但亦有发表有关 10 至 11 世
纪的山水画、北宋晚期的宫廷艺术、宋
元之际的遗民艺术的文章。代表作有《米
芾：北宋时期的风格和书法艺术》。近
来亦着眼于明代书画家诸如沈周、徐渭
以及 17 世纪的书画研究。主编有《招隐：
中国 17 世纪的诗画与政治》一书。

__ 文章出处

"Spreading Falling Blossoms: Style and Replication in
Shen Zhou's Late Calligraphy," *Tsing Hua Journal
of Chinese Studies*, New Series Vol.40 No.3 (September
2010), pp. 365-410.

__ 译者简介

徐丹丹，复旦大学文学博士，现为美国布朗大学艺术与建
筑史系博士生。

　　书画名家沈周（1427—1509）于其晚年时，开始探索以落花为主题的诗歌与绘画创作。沈周对它的关注及其所作诗、画作品的质量让落花主题引人注目。这一主题的创作缘于沈周因病错失苏州的花季所作的十首《落花诗》。通过这些诗，沈周意在记录自己对时光流逝、美的短暂和人生有限的思考。这些诗真诚地表达了沈氏对人类最普遍话题的反思，令人动容。然而，当沈周将他的《落花诗》与江南（苏州、南京等地区）的一些名士分享时，其《落花诗》的创作行为发生了根本的改变。《落花诗》不再是一己哲思的记录，而变成称颂的对象：文风浓郁的苏州备受敬仰的耆老沈周笔下的可圈可点之作。当最初读到沈周《落花诗》的文人雅士，遵循诗歌唱和的社交惯例，次韵沈周原作时，这些诗作迅速由个人的分享传布开来。沈周觉得有必要回应这些酬唱者，便反过来又去酬答这些和诗。最终，沈周一共创作了约五十首《落花诗》[1]。虽然诗作总数为最初的五倍，但这五十首诗并非沈周《落花诗》创作的全部。有证据表明，约从1503年至1507年或更晚一些，沈周在其人生最后的几年光景中，抄录并传布了不少自己的《落花诗》。这些诗经常与他的画相配。自知来日无多，沈周有意识地借寓落花咏时伤春，落花从而成为沈周生命和创作的最后绝响。根据沈周的自评和沈周之后的一些传统文人的评论，我们不难做出这样的论断：《落花诗》是沈周最为重要的艺术作品之一。

　　这篇文章意在探讨书法在沈周落花唱咏中所扮演的角色。书法，既为诗、书、画"三绝"之一，亦为呈现诗歌的主要载体，但这并不是预设它与诗歌、绘画一样重要。尽管今天很少有人视沈周为诗人，但有可能在诗、书、画中，沈周自己最看重诗歌——《落花诗》创作的源起[2]。尽管沈周的书法才能被恰如其分地称扬，其书法风格亦自成一家，但沈周书画大师的名声更多地倚重于绘画，因为绘画作品能够更大程度地展现创作的自由和对艺术的敏感。如果依我所言，诗、画是驱动《落花诗》创作的双引擎，那么这篇文章为何要关注书法呢？当我们退一步综合思考《落花》创作的方方面面时，这个问题的答案就很明显了。落花唱咏很可能肇始于偶然（沈周的一场病），但很快它就转变成一个不断发展、具有多面向的文化活动，并最终成为表现沈周个人形象与其作为典范的重要媒介。沈周的书法在塑造其个人形象时起了很重要的作用。那么判断书法以何种方式塑造其个人形象就变得饶有兴味。同样重要的是，在几年的时间里，沈周将同样的《落花诗》抄录了好几次。这些《落花诗》书迹为我们提供了一个非常难得的机会，让我们得以评价特定条件下沈周书法常与变的模式，以及思考这些常与变如何参与沈周个人形象的构建。从沈周的自评来看，他的《落花诗》创作有着非常复杂的动因。这些创作动因是否也在其书法中有所反映？更富成效的问法是：沈周的书法是如何与我们所知的落花唱咏的发展相协调的？

　　碰到一些落款为沈周这样的名家书迹时，审慎的做法是先质疑其真伪[3]。尤其像《落花诗》这样既有名气，又有早期刊本的作品，更是那些已经熟稔沈周独特书法风格的作伪者所追逐的目标。毫无疑问，我们在这里应该认真考虑作伪所产生的问题。但与此同时，意识到沈周在其生命的最后几年多次抄录其《落花诗》这一事实，使得书法鉴定问题变得更为复杂：书法品质和风格的差异，必须结合作品在个人与社会语境中的表现和功能加以仔细的考虑。本文并不会强调书法研究中常用的一笔一画式的详尽的形式分析（formal analysis），因为我的主要关注点是围绕沈周《落花诗》作品的个人和社会语境。事实上，如果不理解这些语境，鉴定就无法全然客观。在这篇论文中，我会提供一种综合性的方法（synthesized approach），借此，作品的鉴定方法将会根据16世纪初沈周在苏州对落花主题探索的具体情形加以改进。其目的在于为书法研究提供一个方法论上的架构（methodological structure），即书画鉴定上对于品质、风格和习性的惯常考量，需结合艺术家的意图（intention）和社会实践（social practice）

加以调整。鉴于此，这里引介和讨论的材料可以有效地整合进关于明代中期文化构型的更宽泛的话语中去。

一、缘起与发展

> 弘治乙丑（1505）春，一病弥月。迨起，则林花净尽，红白满地。不偶其开，而见其落，不能无怅然。触物成咏，命为《落花篇》，得十律焉，写寄徵明知己……[4]

在这段引文中，沈周叙述了其最初创作十首《落花诗》的因由。引文来自沈氏的一篇重要跋文的中间部分（图6.1），这篇跋文在南京博物院所藏的一幅手卷中。沈周的落

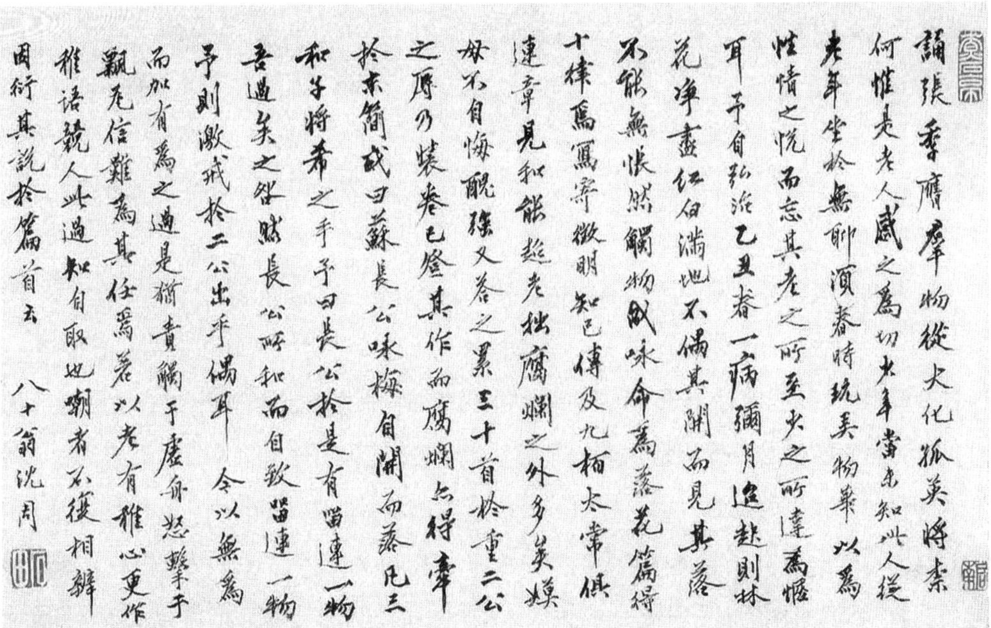
誦張季膺羣物從火化狐英將柰
何惟是老人感之為切火年當知此人從
老年坐於無聊須春時玩美物華以為
性情之悦而忘其老之所至火之所達為悵
耳予自弘治乙丑春一病彌月追起則林
花淨盡紅白滿地不偶其開而見其落
不能無悵然觸物成咏命為落花篇得
十律焉寫寄徵明知己傳及九柏太常俱
連章見和能超老拙腐爛之外多英娛
殊不自悔醜拙又答之累三十首於重二公
之厚乃裝卷已登其作而腐爛亦得牽
於末簡或曰蘇長公咏梅自開而落凡三
和乎將希之乎予曰長公於是有留連一物
吾過矣之咎賦長公所和而自致留連一物
予則激戒於二公出乎偶耳 今以無為
而加有為之過是猶責觸于虛舟怒擊于
飄瓦信難為其任焉茬以老有稚心更作
稚語貌人此過知自取也嘲者不復相辯
因衍其說於篇首云 八十翁沈周

图6.1 沈周 《落花诗书画卷》拖尾（局部） 约1506年 纸本水墨 南京博物院藏

图 6.2　佚名　《明人画沈周半身像》　明　绢本设色
纵 71 厘米，横 52.5 厘米　故宫博物院藏

款为"八十翁"，据此，此跋应作于 1506 年。凑巧的是，现存很有名的一幅沈周的肖像画也作于是年，我们可以借此拟想落花唱咏之际沈周的容貌（图 6.2）。两年之前，也即 1504 年的农历十月初一（十月之吉），文徵明（1470—1559）用蝇头小楷将六十首《落花诗》抄成一册[5]。其拖尾跋文有言：

> 弘治甲子之春，石田先生赋落花之诗十篇，首以示璧。璧与友人徐昌谷甫相与叹艳，属而和之。先生喜，从而反和之。是岁，璧计随南京，谒太常卿嘉禾吕公，相与叹艳，又属而和之。先生益喜，又从而反和之。自是和者日盛，其篇皆十，总其篇若干……

1504 年文徵明所抄录的《落花诗册》虽已失传，但这六十首诗正如其所描述的那样，按创作顺序抄录：沈周最初赋诗十首，文徵明、徐祯卿各和十首，沈周再答文、徐二人和诗十首；吕㦂和诗十首，沈周三答吕氏和诗十首。文氏的抄录，不说是钦慕，也至少是对沈周的致敬之作。因为这六十首诗加上跋文，超过三千七百五十字，且都是用最耗时耗力的小楷写成[6]。就这一点而言，文徵明所抄录的诗册几乎再现了沈周《落花诗》开始传布的过程。但是，文徵明所说的"和者日盛"又是什么情况呢？到底有多少首《落花诗》，准确的数字已经很难确证，但毋庸置疑，沈周的诗引发了浓厚的创作兴趣和活力（interest and energy）[7]。而且从现有的材料和记载来看，这个主题的持续活力源自沈周自己。我将相关材料系年并按时间顺序排列如下[8]：

a. 张丑《真迹日录》著录《沈启南落花图卷》，诗计三十首。这三十首诗，张氏并未录入。所载沈周短跋有言："弘治辛酉（1501）三月下浣，书于东禅精舍，长洲沈周。"[9]

b. 陆时化《吴越所见书画录》著录《沈石田落花诗画巨幅立轴》[10]。根据所载沈周写于弘治十四年（1501）夏的跋文，沈周书《落花诗》三十首呈吴宽（1435—1504）"改教"。既而吴宽出巨纸，请沈周绘落花图并书诗其上。

c. 上海博物馆所藏年款为 1503 年农历三月的一幅扇页（图 6.3）。画面上一位老者倚着挂杖站在河岸的一边，凝视对岸，一个童仆提着琴，红白林花零星地散落在地。尽管此画未称名，但从画面内容可以判断，这幅扇页以落花为主题。

d. 上海博物馆所藏沈周录其《落花诗》十首的手卷（图 6.4）。沈周的题跋（见下文）署年为弘治癸亥（1503）中秋。

e. 陆时化《吴越所见书画录》著录的文徵明于 1504 年农历十月所抄《落花诗册》，诗计六十首（见前文）。

f. 私人收藏的一套沈周抄录的《落花诗》册页，诗计十九首。款识：正德改元（1506）秋八月，沈周于金庆堂之西轩。（图 6.5、图 6.6）

g. 南京博物院藏沈周《落花诗书画卷》。画心不甚长，手卷中有一篇很长的题跋，以及三十首《落花诗》（图 6.1、图 6.7）。跋尾款识为"八十翁"，说明这个手卷可系于 1506 年前后[11]。

h. 文徵明抄录其《落花诗》十首的书法手卷[12]。诗后有文氏 1507 年

图 6.3　沈周　《落花图》
1503 年　纸本设色　上海博物馆藏

图 6.4　沈周　《落花诗》　1503 年　纸本水墨
纵 30 厘米，横 65.8 厘米　上海博物馆藏

图 6.5　沈周　《落花诗页》　1506 年　纸本水墨　每页纵 23.8 厘米，
横 9.8 厘米　私人收藏

图 6.6　沈周　《落花诗页》
1506 年　纸本水墨
每页纵 23.8 厘米，横 9.8 厘米
私人收藏

图 6.7　沈周　《落花诗书画卷》　约 1506 年　纸本设色　纵 35.9 厘米，横 60.2 厘米　南京博物院藏

春的短跋，跋文提及沈周将其所抄录的一卷诗和所绘的一幅画赠予宋伯兄[13]。文氏称此画为《看花图》，可能是笔误。这幅画很有可能也以落花为主题，因为沈周将文徵明的十首《落花诗》附在画后。

　　i. 台北故宫博物院（以下简称"台北故宫"）藏《落花图并诗》，画幅为绢本重彩，画心后为沈周所抄录其《落花诗》十首（图 6.8、图 6.9）。沈周所书诗后有一篇文徵明的跋文和文氏所抄自己所作的十首《落花诗》，落款时间为 1508 年农历六月。画心前的引首为沈周所书"红消绿长"，此画题突出了果树上更经久的绿叶与地上落花之间的对比。手卷中，沈周和文徵明书迹部分的纸张要比画心部分破损的程度高一些，书法部分开端处的纸张破损尤甚。这表明《落花诗》的书法和画心最初并非配对而成。然而，书法和画作的品质都非常高，所以我认为两者都是真迹，

图6.8　沈周　《落花图》　约1504—1506年　绢本设色　纵30.7厘米，横138.6厘米　台北故宫博物院藏

图6.9　沈周　《落花图》拖尾（局部）　约1504—1506年　纸本水墨　台北故宫博物院藏

即使最初二者并没有配对装裱于一幅手卷中[14]。台北故宫还藏有一幅这样的画，已被鉴定为摹本。

j. 私人收藏文徵明小楷册页，计八页，为文氏所录其旧作《落花诗》十首中的八首。诗后文氏的短跋年款为1508年农历九月二十日。此跋中文氏言其抄录了十首《落花诗》旧作，他的这些诗在"诗社中谬以为可诵"，盖以沈周"原唱脍炙人口"之故[15]。（图6.10）

k. 私人藏沈周书其《落花诗》手卷，诗计十三首（图6.11）。根据沈周没有年款的短跋，他是在双峨山房抄录这些诗的。双峨山房待考。

以上所列作品仅限于沈周探索落花主题的材料。其他材料，诸如文徵明的落花书

图6.10　文徵明　《落花诗》
1508年　纸本水墨　私人收藏

图6.11　沈周　《落花诗》（局部）　明　纸本水墨　私人收藏

迹和画并未列入，唐寅（1470—1524）于1520年所作的一幅名卷，即唐氏所抄其次韵沈周《落花诗》三十首并《落花图》也未列入[16]。很有可能之后会有更多的材料出现——如果不是现存的卷轴和册页的话，也有可能会有其他文献著录或提到由沈周或传为沈周所作的书画。考虑到沈周落花唱咏活动距今已五百年，有多少材料依然存世，我们又能在多大程度上把它们拼合在一起是很值得关注的。

　　16世纪初的一个早春，沈周因病卧床，其间果树花开。如沈周的一首诗清楚地表明这些果树是李树和桃树，其中很多果树想必曾在沈周的宅第种植[17]。沈周因病错失花季发生在哪一年？南京博物院所藏落花手卷中的沈周跋文说的是1505年，这比文徵明1504年秋跋文中所说的时间要晚一年。（见图6.1）对于二人说法的不一致，最合理的解释是沈周的记录有一些混乱，他可能把时间记错了，又或者把甲子纪年搞混了（考虑到他八十岁的高龄，这是可以理解的）。但前所列材料，在时间上仍有一个奇怪的出入。所列最早的两条落花图/诗材料（a和b都系于1501年）可以不予考虑，因为这两条都只是文献记载而非实物，其可信度很令人怀疑[18]。除了这两条材料之外，还有一幅扇页（c）和落花诗卷（d），其年款均为1503年。我曾仔细查看过这个扇面，可以证实作品质量非常高。上海博物馆（以下简称"上博"）所藏的这个书法卷轴，我只看过复制品，有学者对此作品的真实性提出质疑[19]。（见图6.4）然而上博所藏的这个卷轴却值得我们关注，因为它有一个有趣的特点：沈周抄录在这个手卷的十首《落花诗》，与文徵明1504

年所抄《落花诗册》中沈周最初所作十首中的九首相一致——上博手卷中的第六首诗不仅没有出现在文氏抄录的沈周最初所作的十首《落花诗》中，它甚至也不在《石田诗选》中的《落花五十首》之列。但上博所藏书法手卷中的这首诗和其他九首诗确实出现在了目前所知沈周诗集最早的刻本——《石田稿》中，该书计三卷，今藏于中国国家图书馆善本部[20]。《石田稿》编于1503年，集内有吴宽的序和李东阳（1447—1516）的跋，李氏之文写于1506年。如果《落花十首》是在诗集最初编纂之时就被收录的话，《石田稿》就提供了确定性的证据，证明沈周创作《落花诗》的起始时间不晚于1503年。有关上博手卷中的第六首诗（对应《石田稿》中的第七首）的一个可能的解释是，沈周在1503年写此手卷时，其《落花十首》尚未定稿，最终第六首诗被另一首所替代——文徵明所抄《落花诗册》中的第八首，也即四库全书版《石田诗选》中《落花五十首》的第七首[21]。支持这个解释的证据是这两首诗使用了相似的意象和词语，是一首诗尚未定稿的表现。由此可以判定，上博的这个手卷代表了沈周落花唱咏的早期阶段，时间始于落款的半年前，即1503年的春天。

在1503年秋天之后，或者直到次年的春天，沈周将自己的《落花诗》示予文徵明，文氏又将这些诗与徐祯卿和吕䘵分享。到了1504年深秋，这四位文士创作了约六十首《落花诗》，其中沈周的诗约占一半。但如文徵明1504年的跋文所言，有更多的《落花诗》在被继续创作。本文开头已经提及，沈周《石田诗选》一共收录了五十首《落花诗》。这表明在三十首之外，沈氏又创作了另外的二十首，尽管我们并不清楚这些诗的具体创作情形，或是可能的唱和对象。但是，即使不是全部，这二十首诗中的大部分，很有可能作于1506年的夏末。是年，沈周写有《落花诗》册页，这套册页目前为私人藏品[22]（f，图6.5、图6.6）。这套册页中没有沈周解释性的跋文，抄有落花诗十九首——这个很不寻常的数字让人立即对册页的完整性提出疑问。这套册页应该和南京博物院藏的手卷放在一起考虑，根据沈周的款识，后者大约与前者作于同一时间。南京博物院的手卷有全部的三十首诗。这三十首诗包括文徵明于1504年所录沈氏最初的十首《落花诗》，沈周接着和文氏和徐祯卿的十首，以及沈周和吕䘵十首中的七首。剩下的三首来自另外的二十首，这些诗可以在《石田诗选》中找到[23]。有趣的是，沈周抄有十九首《落花诗》的册页呈现了一个相似的模式。这套册页抄有沈周和文徵明、徐祯卿十首中的九首，剩下的十首诗与南京博物院手卷中的最后十首相同——换句话说，剩下的十首诗中七首是和吕㦂之诗，三首是"新"作。如果这套册页抄录沈周最初的十首《落花诗》，以及所遗漏的沈周和文、徐之作，那么这套册页将会和南京博物院的手卷所录诗完全一样。我认为，这套册页很有可能最初抄录了三十首诗，但是在后来的某个时间点，册页被分开了[24]。

　　剩下两件和《落花诗》有关的实物，一个是台北故宫所藏1508年的落花图／书法手卷（i，图6.8、图6.9），另一个是私人所藏未系年的书法手卷（j，图6.11）。就前者而言，其中包括了沈周抄录其最初《落花十首》的九首，以及其所和文徵明、徐祯卿十首中的一首。就后者而言，手卷完整地囊括了最初的十首诗，以及和文、徐二人十首中的三首。对诗歌／书法练习来说，和十九一样，十三也是一个奇怪的数字。不过在这个例子中，沈周作了说明。在篇幅很短的拖尾跋中，沈周写道："右《落花诗》，仅纸之长，书于双峨山房。"

　　像和其他所有跟《落花诗》有关的实物一样，我们不能假定这套册页就是真迹。但是，不管它是真迹还是摹本，甚至是伪作，短跋中解释的因纸长所限抄录的诗作数量，反映了《落花诗》的流行，同时也呈现了落花唱咏自1503年开始以来的发展。在几年的时间里，《落花诗》在文人朋辈间被称赏、传抄、广泛传播。虽然只有两件作品指明了赠予对象，但不难推断《落花诗》有热切的读者群，而且很多人会请求沈周给他们抄录《落花诗》[25]。沈周似乎主要都是以组诗的形式抄录，或十首或三十首为一组。如果以三十首为一组，沈周通常都是按顺序分组抄录，比如先是最初所作的《落花十首》，然后是和文、徐二人的十首。但是在每一组的内部，沈周可能会替换一些诗，每一组内部的诗并没有固定的顺序。就像限于纸长只抄了十三首诗的手卷，沈周的抄录总的来说有一丝随机性（casualness）。考虑到沈周抄录这些诗的次数，这种随机性不难预料，但它并没有掩盖落花唱咏背后的目的。《落花诗》成为沈周晚年的标志性作品，《落花诗》的反复抄录实为一种标榜行为（an act of promotion）[26]。稍后当我们仔细考察一些跋文时就会看到，几乎从一开始，沈周就敏锐地意识到抄录《落花诗》的标榜作用，他对这一点的自觉和敏感是《落花诗》作品最有趣和最重要的特点。

二、跋文和评论

沈周附于 1503 年中秋所抄十首《落花诗》手卷后的短跋是对落花唱咏的最早评论[27]。如前所论，这些因为前一年春季之事而作的诗，此时尚未完全定稿。刘瑀（1466年进士），字汝器，曾经在苏州做过一段时间的太守。沈周曾为其抄录《落花诗》：

> 汝器好吟事，近见落花诸篇，求录一过。适小恙作，为其所迫，甚
> 觉无趣，亦可谓不解事。然以好吟事，于（是）补之，竟不为嫌，而录云。
> 弘治癸亥（1503）中秋日，沈周。[28]

刘瑀所见的《落花诗》可能并非沈周之作，而是更早的其他诗人的作品。沈周并非《落花诗》的首创者，有可能刘瑀只是偶然读到一些落花主题的诗作，然后请沈周抄录。很难想象，如果刘氏对沈周创作《落花诗》之事一无所知，他会做出这样的请求。更可能的情况是，沈周在跋文里稍有虚构——一个沈周开始传布自己诗作的由头。不管是通过沈周自己还是其他人，如何传布其诗作逐渐成为沈周关心的问题。一个人在朋辈中传阅自己的文学作品一同欣赏，可谓切磋文艺（an act of cultivation），但亦可解读为自我标榜（an act of self-promotion）。考虑到沈周社会地位较高，又已高龄，很难想象有人会去质疑他的动机。但在随后的几年，沈周的动机问题日益凸显。考察这个问题的核心材料是沈周约于 1506 年题于南京博物院所藏手卷（g）中的一篇长跋。该手卷画心较短。沈氏题此跋于画心后，又录其所作《落花》三十首次之。这篇长跋是沈周对艺术创作的重要评论，因而值得细读。

诵张季膺"群物从大化，孤英将奈何"，唯是老人感之为切，少年
当未知此。人从老年，坐于无聊，须春时玩弄物华，以为性情之悦，而
忘其老之所至、少之所达为惬耳。予自弘治乙丑春，一病弥月。迨起，
则林花净尽，红白满地。不偶其开，而见其落，不能无怅然。触物成咏，
命为落花篇，得十律焉，写寄徵明知己。传及九柏太常，俱连章见和，
能超老拙腐烂之外多矣。媒母不自悔丑，强又答之，累三十首。于重二
公之辱，乃装卷，已登其作，而腐烂亦得牵于末简。或曰："苏长公咏梅，
自开而落凡三和，子将希之乎？"予曰："长公于是有'留连一物吾过
矣'之答。然长公所和，而自至留连一物，予则激戒于二公，出乎偶耳。"
今以无为而加有为之过，是犹贵（责）触于虚舟，怒击于飘花（瓦），
信难为其任焉。若以老有稚心，更作稚语竞人，此过知自取也。嘲者不
复相辨，因衍其说于篇首云。八十翁沈周。[29]

沈周此跋开头就有一个让人疑惑的问题：其所诵诗句并非张季鹰所写，而是初唐
诗人陈子昂（659—700）之作。陈氏写有《感遇诗三十八首》，其中第二十五首质疑了"孤
英"存在的意义[30]。任何博学的文人都应该知道陈子昂的三十八首感遇诗。所以一开始
会很费解，沈周如何以及为何把这两句诗归在他人名下[31]。不过，这两句诗和落花主题
很相称。陈子昂的感遇诗总体来说富有玄理和哲思，与沈周题跋的主旨相吻合。但是另
一方面，陈子昂的很多感遇诗也表达了一个古老的主题：品行端正之士看透了尘世的渺
小，他们往往怀才不遇。这种感伤和沈周的现实并不相符。就沈周而言，他在苏州处于
自我形塑的半隐居状态，谈不上有任何政治抱负。这一点和张季鹰的身份相合。顺带一
提，沈周用的是"膺"而非"鹰"字。晋代隐士诗人张翰（约258—319以后），字季鹰。有
时他会被比之为竹林七贤之一的狂士阮籍（210—263），因为和阮籍一样，张翰仅有的
一次任官时间非常短暂[32]。有一个关于他的老生常谈的故事：在洛阳任齐王属官之时
的某个秋日，张翰因突然怀念起家乡苏州的菜肴立即弃官而归，并声称对名利和官位

的追求不如人生适志来得更为重要[33]。如此，沈周为何对张翰感兴趣就非常清楚了。沈周一生对官职避而远之，而追求在苏州做一个地方绅士。对沈周来说，张翰是前贤中的典范——如此的完美，以至于沈周似乎想要扭曲历史事实而把陈子昂的感遇诗句系在张氏名下[34]。沈周援引张翰给了我们很重要的信息。因为张翰所代表的不仅是不受官场束缚的文人生活方式，而且摆脱樊笼的方式非常有地方色彩。张翰从洛阳归乡是因为突然意识到季节的变化，而顿生对故乡的莼羹和鲈鱼脍的渴望之情。同样地，沈周的身份认同也和苏州这个城市紧密相关。就像他的很多画和诗所展现的那样，沈周十分留意苏州的花草树木、虫鱼鸟兽、风景名胜的细微之处。在沈氏的题跋中，他用"触物成咏"来评论自己对自然现象的关注。对沈周来说，"触物"这个词很重要。文徵明所抄《落花诗册》的长跋（e，部分引文见后文）在讲述沈周《落花》创作动因时，用了"触物"一词。沈周自题1506年前后所绘画册时也用了这个词，诗曰："触物便须随点染，观生还复费吟哦。"[35]"触"字暗含了触碰之感，是指与个人直接的身体接触。即使是形容情感上的触碰（就像合成词"触动"），也有一种强烈的物的催化作用（a material catalyst）之感。张翰对苏州的情感被其对真实可感的食物——家乡菜的突然渴望而激活。与此相似，苏州的落花这一平凡景象触动了沈周的情感。虽然沈周的诗可能也有一点陈子昂感遇诗的玄理倾向，但同时他也确保把自己刻画成质朴的、更理性的人世观察者，即一个喜欢思忖当下偶然之事（the immediacy of the incidental）所触发的具有广泛意义问题的人。

　　沈周强调"触物"是其诗画创作灵感的来源，这恰好对应了苏轼的一句名言："吾文如万斛泉源，不择地皆可出……常行于所当行，常止于不可不止。"[36]苏轼创作诗歌，强调真实体验的重要性，这种体验基于人与经验世界互动的细节。雅集赋诗（Parlor or salon poetry）因考验人的语言使用技能或博学程度而与个人体验相分离，与苏轼所倡相反。苏轼诗歌和艺术创作最根本的方法，一言以蔽之，曰自然（naturalness）。

　　当我们进一步研读沈周的跋文，更深入地挖掘落花唱咏时，就会发现沈周与苏轼、北宋的关联变得真切和重要起来。同样我们也会发现在文学和书画创作中，崇尚自然这一观念至关重要。嫫母是传说中黄帝貌丑而德贤的妃子，沈氏先以嫫母自嘲[37]，然后征引前贤苏轼三和咏梅之事。那是绍圣元年末（1094年末或1095年初），苏轼刚刚来到他的第二个流放之地惠州（今属广东），在农历十一月中旬看到满树梅花盛开后，苏轼写了咏梅诗。第一首并未言明诗赠予何人，第三首为《花落复次前韵》。此诗尾联中，苏轼把自己与朋友作了对比。朋友见花落却无言，苏轼因"留连"落花而觉己之过，或者说，因留连而继续写咏梅诗[38]。对苏轼而言，"留连"主要是指其对梅花花落的惋惜。如跋文的余下部分所示，对沈周来说，他所留连的主要不是落花，而是对青春流逝的不忍。

沈周在以下这首《落花诗》（沈周和文徵明、徐祯卿十首中的第三首）中频繁地以苏轼为典：

扰扰纷纷纵复横，那堪薄薄更轻轻。沾泥寥老无狂相，留物坡翁有过名。送雨送春长寿寺，飞来飞去洛阳城。莫将风雨埋冤杀，造化从来要忌盈。[39]

"坡翁"当然是指东坡居士苏轼。前一句中的"寥老"说的是道潜和尚，他是苏轼的好朋友，其更为人所知的名字是参寥。参寥有一首诗写道，一次宴席上苏轼为了考验参氏的定力，让一位年轻窈窕的舞者侍奉左右并向参氏求诗。诗中，参寥并没有以佛教的方式，而是戏谑地以沾泥的柳絮自比，希冀能恣意地与春风上下追逐[40]。与参寥相比，沈周似乎"等而下之"——真地沾黏泥土，毫无兴趣去模仿参寥的狂相——如果这样解读，就是未得其旨。在这首《落花诗》中，沈周故意摆出了一副高高在上的疏离姿态。诗中吟咏的那些生命短暂的落花就像雪花一样在天空中飞来飞去，和洛阳的长寿寺形成了对比[41]。没有什么可以阻止落花的飘逝，但这就是造物主的做法，因为万物须循盈亏之道，凡所有相，皆为虚妄。沈周的诗和自跋形成了有趣的对比。诗中沈周接受造化盈亏之道，但跋文讲述其为何会创作《落花诗》时，却流露了沈周对人世深深的留连。在一轮又一轮地和诗中，"无为"变成"有为"。他以"媒母"自嘲，言其不断酬和《落花诗》时使用的一个关键字是"强"。沈周想要成为庄子所描述的不系虚舟[42]，但他不得不争胜，以徒劳地拍打飘花收场。他已高龄却不忍时光流逝，沈周自己完全承认这一点。

　　把南京博物院所藏的这幅手卷放在《落花诗》文献的语境中思考时，我们才会意识到沈周这篇约于 1506 年所写的跋文的重要性。我们再讨论一个材料：1504 年文徵明附在其所抄六十首《落花诗》后的长跋 (e)。跋文的第一部分，如前所引，记述了沈周最初创作《落花诗》十首及文徵明等人酬和的详情。接着，文氏描述了沈周的诗歌创作 (poetry-making)，并发自内心地为其师辩护：

> 其始成于信宿，及其再反而再和也，皆不更宿而成。成益易而语益工，其为篇益富而不穷益奇。窃思昔人以是诗称者二宋兄弟，然皆一篇而止，而妙丽脍炙，亦仅仅数语耳。若夫积咏而累十盈百，实自先生始。至于妙丽奇伟，多而不穷，固亦未有如先生今日之盛者。或谓古人于诗，半联数语足以传世，而先生为是不已烦乎？岂尚不能忘情于胜人乎？抑有所托，而取以自况也。是皆有心为之，而先生不然。兴之所至，触物而成，盖莫知其所以始，而亦莫得究其所以终。其积累而成，至于十于百，固非先生之初意也，而传不传又何庸心哉？惟其无所庸心，是以不觉其言之出而工也。而其传也，又奚厌其多耶？

　　文徵明强调沈周创作《落花诗》是兴之所至，出乎自然，这一点不让人惊讶。因为不难想象文氏是领会其师沈周创作宗旨的。但是考虑到两人关系这么近，沈周又比文徵明大 43 岁，与其说文氏仅仅只是理解沈周，不如说他深知自己扮演阐扬其师创作宗旨的重要角色。他以称赏《落花诗》，并为其不足之处辩护为职责。就这一点而言，文氏这段精心撰写的跋文所透露的信息就非常重要了。我们无须沉湎于此跋与苏轼论诗之言的明显呼应之处，也无须一直思考沈周诗歌创作过程中可能的积极因素（创作灵感的来源和实现）。我们要注意的是文徵明对沈周不如何行事的强调。依文氏所言，沈周作诗的意图不是为了胜过他人，其诗也不是有意要事先计划好托物（落花）言一己之境况，传布《落花诗》来建立持久的声名也绝非沈周所思所想。这里，文徵明反复强调，沈周《落花诗》的创作过程是自然的，非事先安排好的，因此，沈周不断创作《落花诗》，足可称道。

　　真的有人提出文氏跋中的这些问题吗？还是说文徵明先发制人，通过回答这些问题搪塞沈周《落花诗》可能受到的批评？鉴于此，文徵明跋中早早提及二宋兄弟，以此为沈周的《落花诗》辩护就很有意思。二宋兄弟是指北宋的两位学者，宋庠（996—1066）、宋祁（998—1061）兄弟，他们以高名在宋仁宗时期（1022—1063）被擢用。根据宋代的一些笔记，在宋初时，正是《落花诗》让二宋兄弟备受称赞获得高名[43]。文徵明并非唯一提及二宋兄弟之人。《落花诗》在沈周之后依然风靡，一些明清文人在评论《落花诗》时，多有提及二宋兄弟[44]。有一点很重要，二宋兄弟作《落花诗》的情形，以及他们通过"雕琢"之诗获得声名的野心，拿沈周与之相比，二者的差别再清楚不过了[45]。沈周的"触物"，与前代两位诗人恰好作了同一题材的创作，形成如此有效的历史对比，难道纯粹只是巧合？有没有可能，沈周最初的筹谋要比他所承认得更多？换句话说，沈周创作《落花诗》的灵感来源真的只是因病错过花期吗？

　　我们有理由提出质疑，因为落花唱咏给人的整体印象与文徵明跋文所言，有很多龃龉之处。南京博物院所藏手卷中沈周两年后也即1506年的题跋，似乎证实了沈氏酬和《落花诗》和诗时不断回到这个诗歌战场（the poetic battlefield）的争胜之意。更重要的是，如果沈周无心传布这些《落花诗》，为什么在接下来的三四年里他依然继续抄录这些诗？如果文徵明1504年的跋文标志着沈周不再进行落花唱咏的话，那么文氏之跋就更有说服力，但事实绝非如此。事实是很多与落花唱咏相关的说辞，与实物证据并不十分相合。落花唱咏的起始时间要比沈周宣称的时间更早，并且一直持续到沈周生命的终点。当我们考察落花唱咏的始末，并且考虑有关落花唱咏的言辞（things that were said）和行动（the actions that were taken）时，就很难不去怀疑，预先筹谋（premeditation）和意图（intention）在传布沈周以落花为主题的诗、书、画中起了作用。

三、痕迹和意图

这并不意味着沈周和文徵明在跋文中有所掩饰。以如此泾渭分明的方式解读《落花诗》的创作动因就偏离了我们的本意，即去关注这些艺术作品的品质，关注潜藏在作品深层的精妙之处。承认这些明显的事实，并不会减损落花唱咏的声名。就像知道这位面容如圣贤的老者仍有着与年轻人以诗相角逐的"不合时宜"的热情，并不会减损我们对其八十岁小像中矍铄风貌的欣赏（图6.2）。这不禁让人想起沈周的精彩自喻——登于虚舟而击飘花。正是表象和事实的不一致让艺术变得有趣起来。对于社会地位较高的文人来说尤为如此，这些文人因社会地位所需不得不塑造其公众形象。事实上我们不知道，或许永远也无法知道真正促使沈周开始并持续创作《落花诗》的复杂情形。因此，我们无法对自然（naturalism）这一主导落花创作的话语是否出自真心这样的核心议题作出判断。但是，只要意识到自然在多大程度上是沈周创作时的考虑，我们就能分析和评价沈周艺术个性化的组成部分。下文先简要介绍沈周作为书法家的发展历程，然后讨论其《落花诗》书法。

沈周成熟的书风很大程度上归功于他对北宋书家黄庭坚（1045—1105）独特风格的师法。沈周的字，笔画时常写得瘦长，有时还因有意颤抖形成笔画不规则的外边缘，字体结构敧侧，呈左低右高之势，如此他的字看起来更像是平行四边形而不是方正之形。这一书法风格，我们毫不陌生。就像我们深知吴镇式的粗笔很大程度上定义了沈周的绘画风格，是其艺术形象（artistic persona）的一部分。不过，与找寻其绘画风格一样，沈周直到中年才"找到"适合他的书法风格。事实上，沈周的绘画和书法风格有着很相似的发展历程。

阮荣春注意到，1468年沈周四十一岁时仿王渊笔意作《黄菊丹桂图》（图6.12、图6.13）上的题句初步显示了其所受黄庭坚书风的影响[46]。这幅画尺寸很大，耗时耗力，并指明了师法对象。大约同一时期，沈周其他一些绘画作品也有与此相似的宏大构图，其中就包括著名的《庐山高图》。这幅作品是沈周仿王蒙（1308—1385）笔墨，在1467

年为庆祝其师陈宽七十大寿时所作（图6.14）。这些绘画作品比较忠实地继承了为沈周师长所推崇的元代江南地区绘画大家的风格。与此相似，沈周早年书法所遵循的风格也与地域和家庭密切相关。《庐山高图》上沈周的自题和他的画一样，形式上的保守反映了沈周早期所受家学的影响（图6.15）。字体整齐柔畅，行与行之间有充分的间隔，这一楷书之风遵循了自"二王"传统而来的方法和正统理念。刘珏（1410—1427），沈周的良师益友，在九年前也即1458年画了一幅《清白轩图》，画上有沈周祖父沈澄、沈周父沈恒吉（1410—1427）以及刘珏的题跋[47]（图6.16）。尽管八十三岁的沈澄的字稍稍散漫，三人的书法风格都与《庐山高图》上沈周自题的书风相似（图6.17）。这一风格源于赵孟頫（1254—1322），经明初书法家宋克（1327—1387）和沈度（1357—1434）加以标准化[48]。至少就书法而言，《黄菊丹桂图》提供了沈周摆脱家学影响而追求更有个人特点的书风的最早例证。这幅画上沈周的题句和署名引人注目，因为它们是沈周早期对黄庭坚书法风格的诠释，这种风格在沈周大约十年后的书法作品中更为常见。因此，这幅画上的题字似乎反映了沈周试验性地对其后来所致力的北宋文人书法传统的初步尝试[49]。

　　看到沈周书风的转变当然重要，但意识到沈氏对自己书法风格问题的自觉则更关键。在画了《黄菊丹桂图》后的两三年间，似乎在一次醉酒后，沈周为刘珏绘了一幅如今颇有名的山水画，并于画上作跋，跋文透露了沈氏对如何定义自我的挣扎（图6.18、图6.19）。这段有名的跋文就是"米（米芾）不米，黄（黄公望）不黄……自耻嫫母希毛嫱……"。对沈周来说，这是一幅很私人的作品。沈氏邀请其与刘珏的共同好友贺甫（1414—1489）为其作小传，希望以此来表达其在跋文中对自我的真实反思。这篇题跋的书法风格与内容相得益彰。迥异于沈周大部分的书法作品，这篇题跋的书风颇具特色。字虽不大，但每一笔细节都很清晰，因为题跋是用很细的笔尖所写，笔尖既可以写出瘦长的笔画，又能把字优雅地连起来。但总体来说，通过突出字的结构和笔画，这些字给人以狂放（wild）之感，至少以沈周的标准来看是这样[51]。这些特征，部分可以归结于沈周新近所受黄庭坚的影响，但更仔细地看就会发现，这些字在结构上和《庐山高

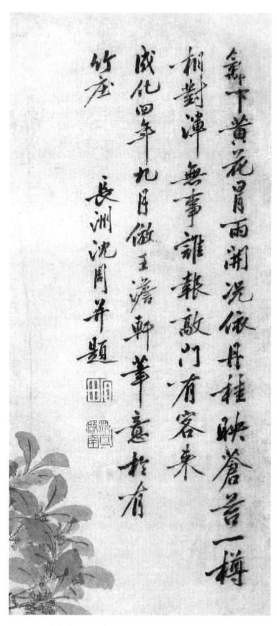

图 6.12 沈周 《黄菊丹桂图》 1468 年 纸本
设色 纵 309.8 厘米，横 120.6 厘米 克利夫兰
艺术博物馆藏

图 6.13 《黄菊丹桂图》沈周自题

图 6.14　沈周　《庐山高图》　1467 年　纸本设色　纵 193.8 厘米，横 98.1 厘米　台北故宫博物院藏

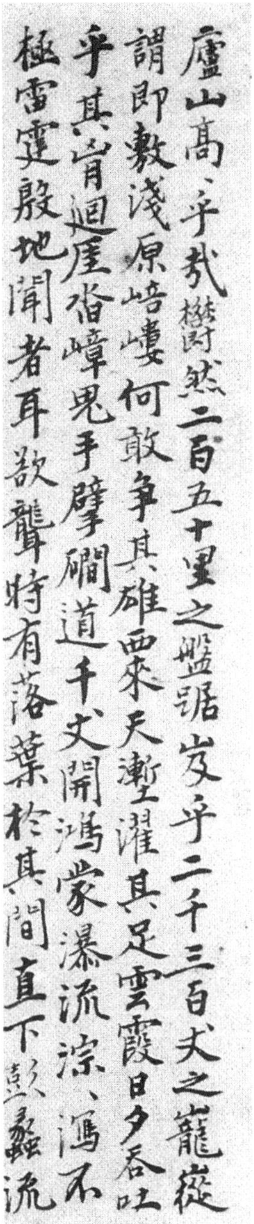

图 6.15《庐山高图》沈周自题

图 6.17 《清白轩图》
沈澄题跋

图 6.16 刘珏 《清白轩图》 1458 年 纸本水墨
纵 97.2 厘米，横 35.4 厘米 台北故宫博物院藏

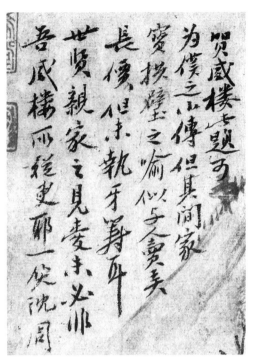

图 6.18　沈周　《山水图》　约 1470 年　纸本水墨　　　图 6.19　《山水》沈周自题
纵 59.7 厘米，横 43.1 厘米　台北故宫博物院藏

图》《黄菊丹桂图》上沈氏题跋的书风更相似。所以这个题跋书风的狂放（wildness），
更多地出于模式的选用而非已然所形成的风格的产物。当沈周愿意以比较自然的方式
去写时，他的书法又回到其根深蒂固的习惯中去。

　　我们聚焦《山水图》（为刘珏作）是因为这是沈周作品中触及自然（naturalness）
议题的一个重要的早期记录。因此，它为评价《落花诗》书迹提供了有益的方向。从沈
周的题跋可以看出，这幅画和画上的书法都反映了他对依赖早期典范的不安。沈周自
道在酒精的作用下，其掷笔以淋漓水墨作此画、写此跋。虽然这篇题跋留下了沈周在书
法上努力摆脱外在影响的蛛丝马迹，但其实这只是沈周建立个人书法风格过程中一次
短暂的改辙。在此过程中，有一种我们可以称之为建立展示性形象（presentational

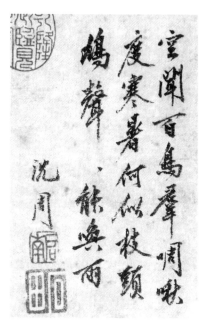

图6.20　沈周　《鸠声唤雨图》　明
纸本设色　纵51.1厘米，横30.4厘米
台北故宫博物院藏

图6.21　《鸠声唤雨图》沈周自题

image)的强烈愿望。对沈周来说，最满意的实现方式就是通过北宋的前贤。苏轼是一个重要的影响者——沈周艺术的很多方面，尤其是诗歌，都可见到苏轼的影响——但就书法而言，沈周所受的影响主要来自黄庭坚[52]。沈周一方面吸收黄庭坚早期的怪异书风，另一方面又将这一书风调整为其惯习的结构紧凑、间隔均匀、笔画扁平这样比较同一化的字迹。借此，沈周将黄庭坚的书风改造成了自己的书法风格。沈周书法最突出的外在表现是优雅（neat）、引人注目（attractive），但同时也因技巧性不高而没有书写难度（unchallenging），他的那幅描绘一只鸠栖于枝头的佳作上的题诗就是一个例证（图6.20、图6.21）。也许是因为这类墨迹，一些人将沈周的书法特点概括为绘画的装饰性陪衬[53]。在这个例子中，对题诗的精心排布和设计以及树枝与题诗中干笔的相互映照，确实很好地说明了前述沈周的书法特点。但在另外两件作品中，沈周的书法似乎更富野

心，也更有必须仔细经营以赋予书法活力的意识。一个非常显著的例子就是沈周给诸如黄公望《富春山居图》这样的早期绘画名作所写的题跋（图6.22）。此跋写于1488年，体现了沈周学习黄庭坚的成熟书风。字写得快而仔细，给人以率性（casualness）和精巧（artfulness）兼备之感[54]。协调这两种特点并非易事，这也指向了沈周书法的核心问题。艺术家如何追求率性（casualness）？如果这种追求是刻意为之（an intention），艺术家是否能够把不刻意（unintentional）作为艺术追求的目标？有意表现无意之事（intend the unintentional）？此种情况下，书法作品又呈现何种特点？

沈周1492年的名作《夜坐图》（图6.23、图6.24），其上有一篇非常长的题跋，言其夜坐后所达到的内定应物的状态。这件作品有助于我们思考上述这些问题，因为它比《山水图》要晚约二十年，可以衔接沈周作品在不同阶段所触及的自然议题[55]。如果《山水图》代表了沈周早年对如何定义个人和艺术家这一问题的思考的话，那么《夜坐图》则体现了沈周晚年在这方面的探寻——在一块地势较高的土坡上，沈周描绘了自己夜坐冥想，将注意力集中于周围环境时，学会了接受自己在这个世界中所处的位置。有趣的是，这两幅画几乎代表了两个相反的极端：早年的《山水图》是向内的，是对情的表现；而《夜坐图》是关于心斋（emptiness）和超脱（detachment）的，是对外在的景连续且有意识的感知。但两幅画都意在表现沈周的"自然"状态，其上沈氏的书法题跋亦然。在自题这两幅画时，沈周都有意跳出其惯常的书风。但相比之下，沈氏自题《夜坐图》时，已彻底内化了黄庭坚的书法风格。更重要的是，《山水图》题跋中沈周清晰可见的精巧优雅之笔，在《夜坐图》的题跋中，几乎全然为粗率之笔所替代，令人惊愕不已。在我看来，《夜坐图》证明了艺术家能够有意表现无意之事。这样一来，如果作品真伪没有问题的话，书法的艺术品质就变得不重要了[56]。

《落花》唱咏要比《夜坐图》晚十多年。沈周大致在15世纪80年代末确立其成熟的书法风格。当沈周以此书风不断练习时，这十多年的时间足以让他的书写习惯进一步根植其内。因为《落花》书迹的篇幅大体都比较长，所以在这些作品中看到沈周根深蒂固的书写习惯也就不足为奇。一位书法家越依赖其书写习惯，"意"（ideas）就越不

图 6.22　《富春山居图》沈周题跋　1488 年　台北故宫博物院藏

太可能通过任何明显的方式呈现出来。但当我们考虑《落花》唱咏的演变以及沈周、文徵明各自的有趣评论时，意的存在与否（the presence or absence of ideas）就成为问题的关键。我们能否从沈周的书法作品中探知一二？这里我们必须小心翼翼，因为任何试图以衡量这些人类表达中难以捉摸的特质为《落花》书迹的阐释目标，都有主观臆断的危险。鉴于此，我只根据两幅形制上最相似，且我认为最可靠的手卷作出审慎的评断：南京博物院所藏约作于1506年的手卷（g，以下简称"南博本"）和故宫博物院所藏文徵明跋于1508年的手卷（i，以下简称"故宫本"）[57]。

这两幅手卷所抄录的《落花诗》体量都不小。南博本尤其显得雄心勃勃，内有一篇很长的具有序言性质的题跋和三十首《落花诗》。相比之下，故宫本中只抄录了十首《落花诗》。诗歌数量的差别是值得注意的，因为书法的篇幅很可能决定了字体的大小甚至是沈周对书法风格的选择。南博本每行约十五字，而故宫本每行约十字，字体较前者要大一些[58]。

尽管二者在字体大小上有轻微的区别，但是如果我们仔细对比两个手卷的话，会发现两幅书迹很相似，至少手卷开端部分是这样。两幅卷轴均以首句为"富逞秾华满树春"的诗为开端（图6.25）。这首诗确立了沈周的书写风格——行草规整，用笔生动、抑扬顿

图 6.23　沈周　《夜坐图》
1492年　纸本设色　纵84.8厘米，
横21.8厘米　台北故宫博物院藏

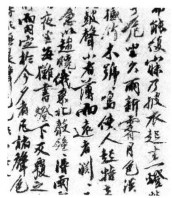

图 6.24　《夜坐图》沈周自题

挫，结体紧凑、微微倾斜，似乎倾向于强调由黄庭坚书风转化而来的欹侧之姿。南博本中的字下笔更轻，也更纤细玲珑，这是沈周使用了更细的毛笔来写稍小一点的字的缘故。当我们把两幅字逐个对比时，就会发现两首诗的抄录非常一致，甚至沈周于一些笔画上所增加的顿挫之处都出现在相同的位置。两幅手卷中所抄录的第一首《落花诗》的惊人相似点，证明沈周是基于其根深蒂固的书写习惯来写的。

南博本由始至终大体保持了这种风格。沈周似乎把这篇长跋当作一次书法练笔，控制书写节奏时他非常清楚该投入多少笔力。因并未有明显的思想侵入的痕迹，整篇书法给人以自然平淡之感。不过当我们开始对比两个手卷上的另一首诗时，台北故宫本就显得很不同了（图6.26）。这首诗在台北故宫本的第五首、南博本的第六首，首句是"夕阳无那小桥西"。南博本上的字还是一贯的保守和安静，台北故宫本上的字却开始舒展

图 6.25　《落花诗其一》（南京博物院藏，右图）与《落花图》（台北故宫博物院藏，左图）题诗对比之一

图 6.26　《落花诗其一》（南京博物院藏，右图）与《落花图》（台北故宫博物院藏，左图）题诗对比之二

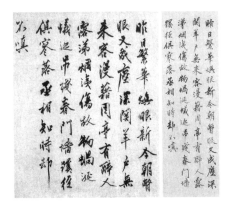

图 6.27　《落花诗其一》（南京博物院藏，右图）与《落花图》（台北故宫博物院藏，左图）题诗对比之三

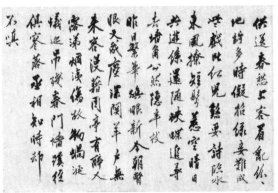

图 6.28　沈周《落花图》拖尾（局部）

开来。毛笔的移动速度比之前更快，有的地方笔画变粗，留下了一些不整洁的余墨，这些粗疏的笔画又被更纤细的字体结构加以平衡，书法在整体上也就充满了活力。我们能感受到，沈周抄写这些《落花诗》时，他是完全投入并享受其中的。这种洋溢的书写

热情一直持续到卷末，这里我以倒数第二首诗为例，其首句是"昨日繁华焕眼新"（图6.27）。和南博本中的同一首诗相比，我们可以确定故宫本中沈周的书法更明显地展现了书写的自由。考虑到沈周写这幅手卷时，已经至少七十岁或者可能已经八十一岁了，其书法的筋骨有力就显得非同凡响[59]。此卷中的字相对不关注细节，笔墨偶尔粗率，整体上强调即兴书写，这有点让人想起《夜坐图》上沈周的长跋。如果概括二者的差别，在《夜坐图》中，沈周是有意为之，他从跋文起始处就决定用不加修饰、甚至是有点粗率的笔墨来写。而故宫本的《落花诗》，沈氏粗率的笔墨更多的是一种自然而然的产物。

从这两幅《落花诗卷》中我们可以得出什么结论？首先，这两卷书法的不同之处表明沈周会根据不同的情况变化书写。与此同时，二者的区别表明书法离不开撰写者的思考、计划和意图，这一点在落花唱咏的其他方面也有所反映。其次，根据我们对故宫本的观察，可以说只抄录十首《落花诗》这一决定，促使沈周最大程度地展现其书法的视觉效果。不管开始时沈周是否有这样的意图，在后来的某个时候，这些《落花诗》不再只是诗抄，而变成了对书法艺术的刻意展示。沈周有能力自然而然做到这一点而非强行如此，就不仅证明其身为书法家的成熟，同时也证明其浸淫于创作须出乎自然（naturalness）这一审美理念的深度。

最值得关注的同时也是最让人印象深刻的，就是故宫本中沈周书法的品质和活力（图6.28）。如果知道这些诗确切的抄写时间会很有帮助。这些诗的抄写时间是更接近文徵明1508年的抄录时间，还是更接近1503或1504年《落花》唱咏的早期阶段？我怀疑是后者，不过谁又知道呢？可以肯定的是，这些诗以书法的形式完美地反映了沈周最关心的问题——他无法做到只是慢慢老去，而把文学和艺术的战场留给更年轻的一代，这不是愿意跟随落花因四季更替而消失的人的书写。沈周可能因其"不合时宜"的行为而难堪，但是我们其他人乐意接受这样的事实，当沈周快要到达其人生的第九十个年头时，他依然是一位精力充沛的艺术家，在创作他最好的一些作品。

（倪晨审校）

　　译者按：此文原刊于台湾《清华学报》，发表时为英文，论文末附有中文标题和摘要。摘要中有不少字句节自正文开头部分，为使译文整体风格保持一致，正文导论部分有几处译者选择性地援用了中文摘要中的译法，特此说明。又，感谢倪晨、蔡春旭对译文提出的修改建议。

注释：

　　1　关于沈周《落花五十首》，见沈周：《石田诗选》，《文渊阁四库全书》电子版，（香港）迪志文化出版有限公司，2002 年，卷 9，第 16b—26a 页。

　　2　见 Jonathan Chaves（齐皎瀚）在"The Chinese Painter as Poet"（《中国诗画家》）中对身为诗人的沈周的研究和评价，该文收入 Alfreda Murck, Wen C. Fong eds（姜斐德、方闻主编），*Words and Images: Chinese Poetry, Calligraphy, and Painting*（《文字与图像：中国诗书画》）, New York: The Metropolitan Museum of Art and Princeton University Press, 1991, pp. 431-458, esp. pp.450-455. 亦见阮荣春：《沈周》，吉林美术出版社，1996 年，第 175—188 页。

　　3　最近有关沈周书法鉴定的研究，见 Joan Stanley-Baker（徐小虎），"Identifying Shen Zhou (1427-1509) Methodological Problems in Authentication: A Work in Progress（《沈周书法鉴定中的方法问题》）," *Oriental Art*, 55.3 (2006), pp. 48-60.

　　4　译者按：石慢教授在把此段引文翻译成英文时，注明了弘治乙丑的公元纪年。这里为方便阅读，译者直接于中文引文中标注公元纪年。又，该论文中所征引的书画题跋，译者根据情况调整了一些句读，下文句读有改动处不再一一说明。

　　5　陆时化：《吴越所见书画录》，《续修四库全书》第 1068 册，上海古籍出版社，1995—2002 年，卷 3，第 20a—31a 页。这个诗册的名称最初由周天球（1514—1595）所取，诗册中有文从简（1574—1648）的跋文。文从简系文嘉（1501—1583）孙、文徵明曾孙。陆时化、文从简的跋文均有年款。文氏之跋写于 1633 年，陆氏之跋写于 1773 年。

　　6　苏州博物馆藏有一幅手卷，署名为文徵明，手卷中抄有六十首诗，这六十首诗与 1504 年文徵明《落花诗》册中的诗完全一致，手卷中亦有一个年款为 1504 年的文徵明的跋文，跋文内容与《落花诗》册中的文氏跋非常相似。基本可以断定，这个手卷是根据陆时化的记述作伪而成。手卷图版见《苏州博物馆藏明清书画》，文物出版社，2006 年，图版 131。亦见《中国古代书画图目》，文物出版社，1987 年，第 6 册，第

35 页。尽管图录中这幅手卷印制得比较小，但是它和《吴越所见书画录》里所记录的文徵明所抄《落花诗册》的关系非常明显。除了文徵明的跋文有几个字被更改外，另有一个二十二字的段落被省略，这就使得文徵明的跋文缺少了连贯性。很明显，作伪者在这里失算了。文徵明写小楷这一最耗时耗力的字体，是出了名的自律。很难想象文氏会在同一天把六十首诗和跋文抄两遍。傅熹年、刘九庵、杨仁恺，这三位中国古代书画鉴定小组的成员都质疑这幅手卷的真实性（见《中国古代书画图目》第 6 册，第 340 页，备注 4）。

7 黄虞稷《千顷堂书目》卷 31（四库全书版，第 33b 页）中列有陈操所编一卷本的《落花诗集》，里面收录了沈周、唐寅等九人的《落花诗》。我不知道这个集子现在是否存世，但其内容似乎和沈周的文人圈子有直接的关系。关于《落花诗》创作的总数，可以参考徐应秋（约活跃于 1600 年）辑《玉芝堂谈荟》卷 8（四库全书版，第 50b—52a 页）。徐氏征引了一些写有落花名作的诗人，首先是北宋的宋祁和宋庠兄弟（见下文笔者的讨论）。他特地援引了沈周的三十首《落花诗》以及其他写有不少《落花诗》的作者，比如，写了一百首《落花诗》的虞长孺以及写了六十首的林若抚。尽管虞长孺和林若抚主要活跃在万历时期（1573—1620），是相较沈周年代稍晚一点的人物，但是他们的创作反映了这个主题的持续风靡。徐伯龄《蟫精隽》卷 3（四库全书版，第 5a—5b 页）对落花主题在北宋的流行有简要介绍。

8 我的研究受益于霍华德·罗杰斯（Howard Rogers）对很多《落花诗》材料的初步研究，见 *Kaikodō Journal*（《怀古堂》）Spring1999 , cat. #9, pp. 80-83, 235-237.

9 张丑：《真迹日录》（四库全书版），卷 2，第 24a 页。

10 陆时化：《吴越所见书画录》，卷 3，第 32b 页。

11 如果按照沈周所题八十翁来计算的话，这幅手卷当写于 1506 年。不过，中国的书画家在书写年龄时有时并不那么精确。

12 图版见王世杰编：《艺苑遗珍》，第 3 册，（香港）开发股份有限公司，1967年，图版 10。

13 宋伯兄具体指谁还有待考证。我怀疑他即是来自蜀地（今四川）的宋承奉（承奉指的是他在殿庭仪礼司的官职）。沈周在其七十大寿时，曾赋诗感谢宋氏赠树作贺礼。见沈周：《石田诗选》，卷 7，第 31b—32a 页。

14 在最近一次去看此手卷时，台北故宫书画处的陈韵如博士跟我提起过，这幅手卷书法部分开端处的破损并非不常见。换句话说，沈周和文徵明所抄写的《落花诗》（通常是平铺开来的形式），很可能非常受收藏者的喜爱，后来才被附在此手卷的画心之后。

当然这也并不一定就表明这幅我认为品质十分精良的画本身是有问题的。

　　15　文徵明似乎是偶然地抄漏了两首诗，因为这两首（旧作十首中的第四首和第五首）并非是因为册页残缺不全而被遗漏。这套册页是由私人收藏，为明代名公墨迹小型册页合集中的一种。

　　16　唐寅之画著录于汪砢玉《珊瑚网书画录》（四库全书版），卷40，第11a—13a页。亦见卞永誉《式古堂书画汇考》（四库全书版），卷57，第13a—15a页。现代人所编唐寅文学作品集中有这三十首诗及校勘异文，见《唐伯虎全集》，中国美术学院出版社，2002年，第63—72页。辽宁省博物馆藏有唐寅《落花诗》墨迹，见《辽宁省博物馆藏法书选集》，第2集，文物出版社，1982年。还有其他一些版本。

　　17　"一园桃李只须臾，白白朱朱彻树无。"这是沈周《落花五十首》第七首的首联，见沈周：《石田诗选》，卷9，第18a页。沈周这里提到的是李，而不是更常入画、开花季更早一些的梅。更多有关苏州地区像沈周、文徵明这样的士人所种植的经济作物，参见 Craig Clunas（柯律格），*Fruitful Sites: Garden Culture in Ming Dynasty China*（《蕴秀之域：中国明代的园林文化》），Durham: Duke University Press, 1996, esp. pp.16-59. 亦可参考 Richard Edwards（艾瑞慈）的研究，他把沈周视为一个深深沉浸于周围环境中的艺术家，见艾氏 *The World around the Chinese Artist：Aspects of Realism in Chinese Painting*（《中国艺术家身边的世界：中国绘画中的现实主义面面观》），Ann Arbor：University of Michigan, 1989, pp.57-101.

　　18　据此逻辑，有人会说《吴越所见书画录》著录的文徵明所录《落花诗册》亦不可信。但是，鉴于文徵明这篇长跋的内容（讨论见下文）以及文徵明跋后文从简和陆时化的短跋，这个《落花诗册》有可能是真迹。见注20中判断1501年的两个卷轴是伪作的另一个理由。

　　19　Joan Stanley-Baker（徐小虎）对这个卷轴的真实性提出了质疑，见其 "Identifying Shen Zhou (1427-1509) Methodological Problems in Authentication：A Work in Progress（《沈周书法鉴定中的方法问题》）", p. 57.

　　20　《石田稿》品相不佳，页码也不甚清楚。诗题为《落花十首》，十首诗在接近卷三末尾的地方。这十首诗的顺序和上博手卷中的十首顺序相同，只有一个例外，即《石田稿·落花十首》的第一首诗被抄在了上博手卷中的最后一首。《石田稿》只收录了十首落花诗，给我们提供了另一个理由去质疑1501年的两个手卷的真实性。这两个手卷都抄录了三十首沈周的落花诗，和他最初所作十首以及后来和文徵明、徐祯卿、吕恵那些诗相对应。1503年，当《石田稿》编纂之时，文徵明和其他人尚未次韵沈周的《落花诗》，所以此时沈周尚未创作那些他后来诗集中所收录的二十首唱和之作。（编者按：中国国家图书馆藏三卷本《石田稿》是缩微胶卷，另藏有稿钞本《石田稿》不分卷，两书内容不同。）

21　沈周：《石田诗选》，卷 9，第 18a 页。

22　这套册页的真伪尚未有定论，有待更为仔细的研究。在整篇论文中，我对真伪鉴定所持标准比较宽泛。这套册页的书法品质很高，风格也极像沈周，符合我所持标准。我的假设是，如果这套册页是一个摹本，它也应该是基于 1506 年沈周的真迹抄录而成。

23　这三首诗是南京博物院手卷中的第 23 首、第 28 首和第 30 首，对应于《石田诗选·落花五十首》中的第 43 首、第 48 首和第 50 首（卷 9，第 24b 页、第 25b 页、第 26a 页）。

24　这套册页（纵 23.8 厘米，横 9.8 厘米）计 25 页，每页 4 行，比较窄小。此册页中，沈周所抄《落花诗》为七律，每首大体占满五行的篇幅。如果这套册页本来抄有 30 首《落花诗》，那么现在的这个版本至少有 14 页遗失了（如果册页开端有序的话，遗失的页数可能至少要再加上 1 页）。

25　上海博物馆所藏 1503 年的落花手卷（d）是沈周为汝器（刘珏，1466 年进士）所抄录。文徵明的跋文则提到沈周赠"宋伯兄"以落花图和诗，见注 13。

26　文徵明在推广沈周《落花诗》上所扮演的角色也不应被低估。毫无疑问，一开始沈周赠示文徵明《落花诗》作时，他就意识到了这位年轻朋友兼门生会主动地将这些诗与他人分享。

27　这当然是基于视此手卷为沈周的真迹或近似真迹的摹本所作的论断。见注 20。也不能排除以下这种可能性，即这个手卷是根据《落花诗》1503 年初次刊刻时所作的一个早期的伪作。如果是这样的话，作伪者非常聪明，消息也很灵通，因为手卷中明言沈周的一场病成为他创作《落花诗》的机缘。《石田诗稿》只收录了诗作，并没有解释性的序提及沈周于 1503 年春卧病在床。

28　这个跋文似乎漏掉了一个字，笔者用括号加在原文中。此处感谢华人德先生的建议。

29　译者按：此段引文，译者对照图版更改了英文版所录释文的数处笔误。其中有两处关乎作者的阐释，译者未直接更改，而是将正字在括号中加以标示。

30　陈子昂：《陈拾遗集·感遇诗三十八首》（四库全书版），卷 1，第 7b—8a 页。

31　陈子昂的诗名很大程度建立在他的感遇诗上。其感遇诗内容广泛，但通常有明显的哲思和道德关怀。在清代，这些诗被解释成对武则天和唐武周时期的讽喻之作。有关这些诗详细而富有深度的讨论，见 Stephen Owen（宇文所安），*The Poetry of the Early Tang*（《初唐诗》）, New Haven: Yale University Press, 2017, pp.184-223.

32　张翰号江东步兵。江东步兵指的并不是他的官职，而是将阮籍的称号（阮步兵）与张翰的故乡江东也即古代的吴郡（今苏州）复合而成。张翰的传记，见房玄龄：《晋书》（四库全书版），卷 92，第 19a—20a 页。

33　张翰的故事详见刘义庆《世说新语》和其他很多记载。见 Richard Mather（马瑞志），*Shi-shuo Hsin-yü：A New Account of Tales of the World*（《英译〈世说新语〉》），Minneapolis: University of Minnesota Press, 1976, p.201。有关阮籍不幸的出仕经历，亦著录于《世说新语》，见马氏书第 373 页。

34　这有助于增加以诗名见称的张翰的声名。也有可能，在沈周看到的一些文献中，陈子昂《感遇》第二十五首中的这两句诗被系在张翰名下。不过鉴于陈氏的诗名，我对这种可能性持怀疑态度。这里似乎是沈周的杜撰。

35　沈周：《题画册后》，《石田诗选》，卷 8，第 33b 页。此诗起句，沈周言其已有八十高龄。

36　苏轼：《自评文》，《苏轼文集》，卷 66，中华书局，1986 年，第 2069 页。

37　司马迁：《史记》（四库全书本），卷 1，第 9a 页。台北故宫博物院所藏明沈周《山水图》（为刘珏作）画上的自跋（图 6.18、图 6.19）中，也用了嫫母这个词，自谦其虽好意但画得拙劣。亦见 James Cahill（高居翰），*Parting at the Shore*（《江岸送别》），New York: Weatherhill, 1978, p.78.

38　苏轼的三首诗，即《十一月十六日松风亭下梅花盛开》《再咏前论》《花落复次前韵》，见《苏轼诗集》，卷 38，中华书局，1982 年，第 2075—2079 页。第三首诗的尾联是："多情好事余习气，惜花未忍都无言。留连一物吾过矣，笑领百罚空罍樽。"苏轼"留连一物"所用典故是北齐王晞（约活跃于 6 世纪）之事。一次，王晞被召见未能及时赶往，他戏言自己迟到的原因是酒后陶然于日暮时的鱼鸟之景。王晞说自己也是"留连之一物"，就和鱼鸟留连夕阳一样。（译者按：原典故中，王晞称卢思道等为"留连之一物"，似乎并非用来自指。）见李延寿：《北史》（四库全书版），卷二十四，第 30a 页。苏轼"留连一物"较原文少了"之"字，如此我们可以将"留连一物"解读成"留连此物"之义，也即留连梅花。这一解读可能符合苏轼的本意，但更谨慎的做法还是按照原来典故中的用法来理解苏轼此句。

39　沈周：《石田诗选》，卷 9，第 22a—33b 页。这首诗的英文译文，除了有一处变动外，均由 Jonathan Chaves（齐皎瀚）所译，未刊稿。

40　参寥：《子瞻席上令歌舞者求诗戏以此赠》，《参寥子诗集》（四库全书版），卷 3，第 5b 页。

41 洛阳素有好花之名，长寿寺是其中很受欢迎的赏花胜地。见欧阳修：《风俗记第三》，《文忠集》（四库全书版），卷72，第10b—11a页。

42 郭庆藩：《庄子集释》，卷10，中华书局，1982年，第1040页。

43 参见赵德麟：《侯鲭录》（四库全书版），卷2，第2a—2b页。亦见：曾慥《类说》（四库全书版），卷15，第19b—20a页。

44 见注7。以落花为题材的诗歌创作，并非始于宋庠和宋祁——《落花诗》的起源要早得多。董斯张（1587—1628）认为《落花诗》起源于梁代的萧子范（486—550）。见董斯张：《广博物志》（四库全书版），卷29，第49a页。

45 清代的文学评论家王士禛（1634—1711）注意到，二宋兄弟以刻画极工之诗获得大名。换句话说，他们所作的诗雕琢字句，精细描摹。相比之下，沈周的《落花》"更不刻画而有言外之意"。王士禛：《渔洋诗话》（四库全书版），卷下，第12a页。

46 阮荣春：《沈周》，第190页。

47 沈周在这幅画上也有题跋，但题跋是后来于1474年所书。

48 沈周1464年《幽居图轴》（日本大阪市立美术馆藏）上有自题诗和跋，其书法风格同样显示了家学的影响。见《文人画粹编》第4卷《沈周·文徵明》（东京：中央公论社，1986年），图版4。自题此画时，沈周37岁，据我所知，这是沈周最早的书法作品。

49 在这样一个较早的时间点，沈周题跋中便呈现出黄庭坚的书法风格，自然让人对《黄菊丹桂图》的真伪提出质疑。但是，这幅如此妙丽和富有雄心的作品，不太像伪作。更多有关这幅画的讨论，详见 Wai-Kam Ho（何惠鉴）eds. *Eight Dynasties of Chinese Painting*（《八代遗珍》）, Cleveland: Cleveland Museum of Art, 1980, cat. 148.

50 这是根据画上沈周的自题所作的推断。见《故宫书画图录》第6册，台北故宫博物院，1991年，第223—224页。贺甫号感楼，以号行。他的墓志铭见吴宽《贺感楼先生墓志铭》，《家藏集》（四库全书版），卷63，第5a—8a页。张丑知道这幅画，将其记录在《真迹日录》（卷5，第28a页）中，并明言贺感楼的题跋并不在此画中。

51 书法风格与沈周以短诗开场的题跋里描述其作画时掷笔欲狂相一致。

52 阮荣春指出，沈氏家族的收藏品中有好几幅黄庭坚的作品。阮荣春：《沈周》，第193页。

53 阮荣春：《沈周》，第189页。

54 黄公望画上沈周的题跋已经获得不少学者的关注和讨论。费泳和欧阳长桥都认为沈周的题跋是伪作。前者的部分理由是与文献记录有龃龉之处，后者的理由和风格相关。我觉得两位学者的论证都缺乏说服力。我和 Joan Stanley-Baker（徐小虎）持相同的观点，这里沈周的书法风格之所以有点儿不同，是因此处纸张表面的材质所致，和平常写字相比，沈周的笔在其上可以更顺滑地移动。徐小虎也注意到这个跋文的不寻常之处——沈周在给一幅他十分钟爱的、曾经收藏但又失去的绘画作品写跋——沈周对这幅画的强烈情感成为其跋文书法风貌的决定性因素。不管是因画而产生的情感上的波动，还是只是出于对黄公望的敬意（或者两种因素都有），很明显，沈周是全力以赴来写好这个跋文的。见费泳：《论〈富春山居图〉沈周题跋之真伪》，《故宫文物月刊》2000年第 18 卷第 3 期，第 63—67 页。亦见欧阳长桥：《关于〈富春山居图〉沈周跋的再认识》，《故宫文物月刊》2001 年第 217 期，第 119—127 页。亦见徐小虎：《沈周书法鉴定中的方法问题》，尤其是第 58—59 页。

　　55　为避免重复，这里就不再赘述题跋的内容。见 James Cahill（高居翰），*Parting at the Shore*（《江岸送别》），pp.90-91. 亦见 Richard Edwards（艾瑞慈），*The World around the Chinese Artist：Aspects of Realism in Chinese Painting*（《中国艺术家身边的世界：中国绘画中的现实主义面面观》），pp.68-71. 亦可参考王正华：《沈周〈夜坐图〉研究》，台湾大学硕士论文，1989 年。

　　56　当然，这很大程度上取决于谁在提问以及如何定义作品的好坏。在中国，崇尚朴拙而非雕琢之美的传统历史悠久。就书法而言，见拙作 *Mi Fu：Style and the Art of Calligraphy in Northern Song China*（《米芾：北宋时期的风格和书法艺术》），Yale University Press, 1997. 亦见 Bai Qianshen（白谦慎），*Fu Shan's world：the transformation of Chinese calligraphy in the seventeenth century*（《傅山的世界：十七世纪中国书法的嬗变》），Cambridge, Massachusetts; London: Harvard University Asia Center, 2003.

　　57　我认为南京博物院所藏《落花诗卷》为沈周的真迹。也有学者认为是伪作。简言之，中国古代书画鉴定小组的组员傅熹年先生认为是明人伪作。见《中国古代书画图目》第 7 册，文物出版社，1988 年，第 261 页，备注 5。上海博物馆所藏的扇面（图 6.3）傅熹年也认为不是真迹，称其为"旧仿本"（《中国古代书画图目》第 2 册，第 355 页，备注 12）。古代书画鉴定小组中只有他对这两件作品持怀疑态度。如我在正文中所描述的，我认为南博本为真迹的根据是其所抄《落花诗》的书法风格与故宫本相一致。

　　58　南博本高度为 35.9 厘米，故宫本高度为 30.7 厘米，相比之下，前者要稍高一点。我计算了一下，与故宫本相比，南博本上的字迹要小约 35%—50%。

　　59　沈周的这些《落花诗》抄录于何时，已无从得知，我们只知道其早于文徵明 1508 年的题跋。

沈周的《写生册》《卧游图册》和文人花鸟画

＿＿朴恩和

韩国梨花女子大学史学系学士，中国台
湾大学历史研究所中国艺术史硕士，美
国密歇根大学美术史学博士，现为韩国
忠北大学考古美术系教授。译著有《郭
若虚的〈图画见闻志〉》，专著有《中
国绘画鉴赏》等。

＿＿文章出处

《沈周의〈寫生冊〉，〈臥遊圖冊〉과 文人花鳥畫》，
"강좌미술사"（《讲座美术史》）第 39 辑，2012 年，第
51—77 页。

＿＿译者简介

宗千会，韩国延世大学文学博士，现为南昌大学人文学院
讲师。

前言

作为吴派创始人的沈周（1427—1509），一生中创作了多种题材的绘画作品，代表了明代中期画坛成就。沈周传世画作十分丰富，有关沈周生平及其作品的国内外研究也取得了累累硕果[1]。但是以往的研究成果大部分是关于沈周山水画的，关于其花卉画和翎毛画的研究涉猎不多，至于对其花鸟画的全面研究更是少之又少。尤其在韩国，关于沈周花鸟画的研究几乎为零，在对朝鲜时代花鸟画产生影响的中国画家和作品中，也不曾重点介绍过沈周[2]。

出身于长洲（今江苏苏州）的沈周，字启南，号石田，晚号白石翁，师从杜琼（1396—1474）和刘珏（1410—1472），善画山水、花卉、鸟兽和虫鱼等。其清新的诗歌比"元四家"更为出色，书法则沿袭了黄庭坚（1045—1105）的书风，被称为诗、书、画三绝。在王穉登（1535—1612）的《国朝吴郡丹青志》中，记述了在明代苏州进行绘画创作的25位画家，将沈周评为神品并列为首位，认为他的绘画是明代第一，山水、人物、花卉、竹、鸟、鱼等题材的作品都被评为神品[3]。董其昌（1555—1636）认为明代画家中，沈周是唯一一位精通写生和山水的画家，祝允明（1461—1527）和王世贞（1526—1590）等人也都高度赞扬沈周的花卉翎毛画。通过这些评价，可以看出在明代沈周已被公认为是花鸟画大家了[4]。

目前有相当数量的沈周花鸟画存世，在署有年款的作品中，有他41岁画的《仿王渊花鸟图》和卒年1509年画的《菊花文禽图》，可见他终生都在创作花鸟画[5]。藏于故宫博物院传为牧溪（1177—1239）所作的《水墨写生卷》后有沈周跋文："余始工山水，间喜作花果草虫，故所蓄古人之制甚多……"[6]由此可看出，他在学画之初，便一同学习了山水画和花鸟画。不仅如此，我们还可以通过跋文、题诗等看出沈周为了愉悦身心，以及在为朋友祝寿、为纪念与挚友的交好和预祝晚辈科举高中等不同场合中，都曾绘制过花鸟画。可见，花鸟画如同山水画一样，皆是他十分熟悉的绘画题材[7]。

花鸟画是描绘自然界动植物的绘画作品。花鸟画的题材包括花卉类，草虫、鸟兽等翎毛类，甚至还包括现实中并不存在的龙、麒麟和凤凰等神物[8]。中国的花鸟画是在五代和北宋时期发展起来的，分勾勒填彩法和没骨法两大技法，通过不同阶层画家的努力，创作了大量高水平的作品，使之发展成为重要的绘画门类。沈周之前的明代花鸟画以边文进（约1356—1436）和吕纪（1447—？）为代表的宫廷院体花鸟画、宫廷画家林良（约1426—1480）的水墨花鸟画，以及常州籍画家孙隆（一名龙，15世纪前期）的没骨花鸟画为主流。包括明宣宗朱瞻基（1399—1435）在内的宗室画家也擅长花鸟画，可惜除了宣宗之外，都没有作品流传下来。文人画家中，只有王绂（1362—1416）和夏昶（1388—1470）的墨竹画广为人知[9]。

沈周之后，花鸟画才定型为文人画的绘画题材。文徵明（1470—1559）和唐寅（1470—1524）也创作出了深受沈周影响的花鸟画，随后出现了陈淳（1483—1544）、王毂祥（1501—1568）、徐渭（1521—1593）和周之冕（1580—1620）等因花鸟画而出名的文人画家。沈周扩大了花鸟画的题材范围，指出了花鸟画理论与创作的新方向，打下了文人花鸟画的基础，被认为是推动明清时期花鸟画进步的先驱人物。

本文以沈周花鸟画的代表作——藏于台北故宫博物院的《写生册》和藏于故宫博物院的《卧游图册》为中心，通过考察他所擅长的花鸟画主题以及独特的绘画技法，讨论他独具特色的花鸟画风格是如何形成的；进而探讨花鸟画在成为文人画题材的过程中，沈周发挥了哪些作用，以及他在文人花鸟画的确立和发展的过程中产生了哪些影响。希望通过这项研究，能够更加具体地了解明代花鸟画的特点，使过去主要通过山水画来讨论明代文人画的研究范围得以扩展。

一、《写生册》与《卧游图册》的构成和内容

《写生册》和《卧游图册》是现存沈周花鸟画作品中最知名的作品，包括花木、草虫、翎毛等多种题材，在形式方面独具特色。另外，这两本画册都有自题，《卧游图册》还有题画诗。通过题画诗，我们可以了解沈周的作画意图以及他对花鸟画的见解。

（一）《写生册》

《写生册》是沈周于1494年67岁时完成的作品。这套用水墨和淡彩将植物和动物画在纸张上的16幅画册，也是沈周有明确纪年的代表作之一[10]（图7.1至图7.8）。在画册的前面，有不知是何人所写的"观物之生"四字，其后有弘治甲寅（1494）沈周的自题。沈周并没有在单幅画页上题字，仅钤朱文方印"启南"。画面上的题字以及印章都是乾隆皇帝在1766年题写和钤盖的。最后一页有清朝著名收藏家高士奇（1645—1703）在1694年改装后题写的跋文。

现在使用的"写生册"一名，是否是画家自己命名的，已不得而知。根据事物的实际模样，画出其生机勃勃的姿态，即"写生"，一般指画有花木、翎毛、草虫的画作，有时也指代花鸟画这一绘画类型。北宋徽宗年间（1120）编成的《宣和画谱》之花鸟门有唐代画家边鸾（8世纪末至9世纪初）的《写生折枝花图》，在花鸟门、墨竹门和蔬果门中还有五代和北宋时期画家的《写生鹌鹑图》《写生牡丹图》和《写生猫图》等，叫作"写生××"的作品数量非常多[11]。在沈括（1031—1095）的《梦溪笔谈》中，将黄筌（903—968）和其子黄居宝、黄居寀等用色彩进行细致描绘的花卉作品称为"写生"。由此可见，"写生"这一用语，是与北宋时期的花鸟画同时发展起来的[12]。董其昌说"写生与山水不能兼长"，将写生看作与山水画一样的独立绘画题材。由此可知，明代时写生已经代替花鸟画，成为一个独立的用语而被广泛使用[13]。

在蝴蝶装的《写生册》中，没有任何背景的纸面上画有玉兰、蝴蝶花、萱草、莲花、

图 7.1　沈周　《写生册》之"自题"　1494 年　纸本
设色　纵 34.7 厘米，横 55.4 厘米　台北故宫博物院藏

图 7.2　沈周　《写生册》之"木兰"

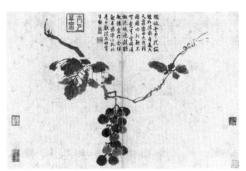
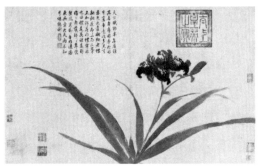

图 7.3　沈周　《写生册》之"葡萄"

图 7.4　沈周　《写生册》之"鸢尾花"

图 7.5　沈周　《写生册》之"鸡冠花"

图 7.6　沈周　《写生册》之"菊花"

图 7.7　沈周　《写生册》之"鸭子"

图 7.8　沈周　《写生册》之"驴"

雁来红、鸡冠花、菊花和葡萄等八种植物，鸽子、鸡、鸭、猫和驴等五种动物，虾、蟹和贝壳等甲壳类水产品三种。这些都是沈周在自家庭院或田野中常见的生物，或者是在水乡苏州附近的百姓们在日常生活中经常接触到的事物。

通过沈周的自题，可以了解沈周在创作画册时，对所描绘事物的认识和创作的态度：

> 我于蠢动兼生植，弄笔还能窃化机。明日小窗孤坐处，春风满面此
> 心微。戏笔此册，随物赋形，聊自适闲居饱食之兴，若以画求我，我则
> 在丹青之外矣。弘治甲寅沈周题。

沈周细致观察了多种动植物，将其特征用自己的方式加以诠释，在表达大自然原理的同时，将心中的逸兴阐释出来。但他强调自己存在于画作之外，作品完成后与图画是完全分离的独立个体，这表现出沈周对身边动植物的喜爱，并通过细心的观察领悟到了大自然的法则，但并没有因此而过分沉迷于大自然，而是始终保持了独立的创作态度。沈周用画笔自信地将自己的个性毫无保留地展示出来。

用水墨和淡彩描绘《写生册》中的花卉类，画家通过敏锐的观察并运用娴熟的技法将花卉的特征刻画了出来。第一幅图用淡绿色做背景，将木兰花的姿态凸显了出来，用

柔和的轮廓线将木兰花瓣形态和质感表现出来的同时，又用浓淡交替的渲染方式画出了枝干，在画作的中间部分画出花枝。而切断画面上下两端的形式，使观赏者能够将视线自然地移到木兰花多姿多样的形态上（图7.2）。被葡萄的重量拉长，看似悬挂在空中的葡萄藤蔓用纤细的表现方式描绘出来。画家采用快速作画的方式表达出了紧张感和空间感，用浓淡墨点画出的葡萄粒搭配绿色叶子，使画面看上去十分和谐（图7.3）。

鸢尾花和忘忧草以水墨没骨法画出，用由下向上的运笔方式朴实地画出了叶子的形态。重复蘸取的浓墨，以及用笔尖轻点的墨点，自然地将鸢尾花的形态描绘出来；同时使用墨的浓淡变化将忘忧草的纤细描绘了出来（图7.4）。三色堇和鸡冠花同样以水墨画出，使用了没骨、飞白、点描等多种笔墨技法，用笔尖反复轻点的方式画出来的鸡冠花看上去非常有质感（图7.5）。看似漫不经心且粗犷的画法，却将植物的特征细致地刻画出来。这是沈周60岁之后画花卉时经常使用的技法，也是他此后花卉画的特点之一[14]。

向左倾斜的枝干上，用水墨画着两朵盛开的菊花，既柔美又有强烈的造型感，体现出季节的情趣（图7.6）。花瓣用淡墨线一片一片地勾勒出来，形态飘逸清晰，叶子用有浓淡差异的大墨点画出，在墨水干之前用中锋画出了叶脉，笔锋沉着有力，既大气磅礴又细致精妙。用轮廓线画花、用墨点或墨面来画叶子的方式，开创了"勾花点叶"技法的先河[15]。

硕大的荷叶上，画着一只青蛙和一朵半开着的荷花，沈周快速挥笔，以墨的晕染效果来完成画面。在画荷叶的墨干之前绘制出叶脉，将含着墨水的状态表现了出来，用流畅的墨绘制水草时，使用了飞白笔法，从而与使用墨水较多的荷叶产生视觉上的强烈对比。用没骨法画出的青蛙，则更凸显了它身后用淡墨画出的荷花。

绘有螃蟹与虾的这幅，是唯一一页在单幅画面中描绘两种事物的作品。与描绘其他甲壳类的动物一样，用墨色的变化来凸显螃蟹的特征，显示出画家在使用水墨的技法上已登峰造极。虾仿佛有弹力的身体，似乎能感受到其活力和弹性的胡须与腿，以及螃蟹壳的质感和栩栩如生的蟹钳，皆十分绝妙。沈周用柔和的线条将坚硬的蟹壳刻画了出来，以简单鲜明的线条刻画出的生蚝和文蛤，亦惟妙惟肖，这体现出了画家对平凡事物的关注。

用淡彩的背景来强调白鸽身体线条的柔和，使它深色的眼睛和头顶的羽毛更加生机勃勃。鸡经常出现在沈周画中，他用在淡淡的墨点上画出短线条的方式使羽毛呈现出质感。鸭子头部的深色与从脖子到尾部的浅色形成对比，并将它的杂毛也画了出来（图7.7）。像球一样蜷缩着的猫，表情十分生动，就连像线一样细的虹膜也画了出来，这体现出了画家敏锐的观察力。驴在山水画中经常出现，在这里第一次独立出现在了画卷中，画家用秃笔画出它粗糙又有质感的毛，并把它倔强的脾气也通过表情展示了出来（图7.8）。通过沈周对所画事物的细致观察，可以感受到沈周对它们的深厚情感。

综上所述，沈周用既含蓄又节制的笔法画出了动植物的形象与特征，这种表现手法强调了文字所不能表达出的画面感。他所描绘的每一个事物都被赋予了独立的生命力。

（二）《卧游图册》

与沈周的花鸟画《写生册》形成双璧的是《卧游图册》。《卧游图册》藏于故宫博物院，由17幅画和两幅书法作品构成[16]（图7.9至图7.13）。引首有沈周自题的"卧游"二字，画册包括山水画7幅和栀子花、杏花、芙蓉、蜀葵、枇杷、菜花、石榴、雏鸡、蝉、水牛等10幅花鸟画及自跋一幅。每幅画上都有自题诗或词，是其传世作品中难得一见的保留着题目、图、题诗和跋文的画册[17]。

与画面上没有题字的《写生册》不同，《卧游图册》的每一幅都有题诗或题词，以抒发情怀。虽无纪年，但有沈周从60岁开始使用的"白石翁"印。由于该作品的大部分内容都是老年人对大自然和画家生活的审视，题画诗的内容同样也表述了晚年的感怀之情，由此可推测这部作品是在《写生册》之后完成的[18]。《卧游图册》中的花鸟画题材超过10种，但并不与《写生册》重合，由此可见沈周很留意身边出现的不同种类的动植物。

通过第一幅"卧游"和最后的自跋，可了解到沈周创作这部画册的意图：

> 宗少文四壁揭山水图，自谓卧游其间。此册方可尺许，可以仰眠匡床，
> 一手执之，一手徐徐翻阅，殊得少文之趣。倦则掩之，不亦便乎？于揭
> 亦为劳矣。真愚闻其言，大发笑。沈周跋。

　　沈周参照了宗炳（375—443）的做法，介绍了自己的创作意图——没有亲自游览山水，只是把山水画挂在墙上欣赏，最终却实现了精神自由之目的。画册中有山水画和较多花鸟画，由此可见沈周扩大了与山水画相关的卧游概念，强调了花鸟画与山水画相同，皆可实现卧游之趣，奠定了花鸟画在文人画中的地位。

　　沈周在《卧游图册》画面中增加了书法和印章的比重，花鸟画中诗文的字数虽不多，但字体偏大，在结构上拉长了字体，与留白形成了完美的构图。植物均为折枝的形态，有由上垂到下的石榴枝、枇杷、伏蝉的柳枝和横向生长的杏花等。与用斜线由下向上构图的《写生册》相比，《卧游图册》更加多样化（图7.9）。

　　《写生册》中大部分为水墨画，而《卧游图册》更多地使用了色彩，这一点值得重视。7种植物均为彩色，最大限度地使用了颜料，只有雏鸡、蝉和水牛使用了水墨[19]。明亮又清新的色彩与墨水的完美结合，突出了事物的特征，也体现了画家晚年的气魄。画家用彩色没骨法与墨点混合的方式，画出了浑圆的枇杷和成熟结实的石榴，盛开着的杏花、蜀葵和芙蓉，用不同的绿色来画叶子的正反面，用少量的墨画出的叶脉在形态各异的叶子上展现出理想的造型感，使墨色与彩色和谐统一，凸显出彩色没骨法的特点（图7.10）。这种搭配方式更是把白菜叶子肥厚又宽大的特点淋漓尽致地展现了出来。

　　沈周线条的运用也十分流畅娴熟，具体体现在树枝和叶子的画法上。毛笔在作画过程中通过变换方向或停顿的方式来表现不同的形态。正如题诗所言，为了强调清爽玉色的花朵——栀子花，作者在此画册中使用了轮廓线将花的质感表现出来，体现了与用没骨画法画的芙蓉和杏花之间的区别（图7.11）。这种花卉画的画面布局和着色技法，在藏于苏州博物馆的《花鸟册》和藏于美国大都会艺术博物馆的《四季花卉图》中尤为明显[20]。

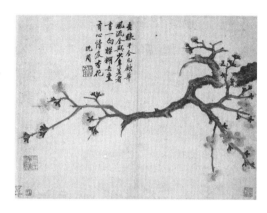

图 7.9　沈周　《卧游图册》之"杏花"
明　纸本设色　纵 27.8 厘米，横 37.3 厘米
故宫博物院藏

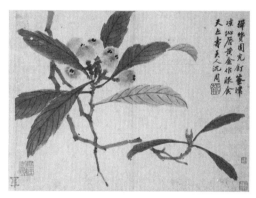

图 7.10　沈周　《卧游图册》之"枇杷"

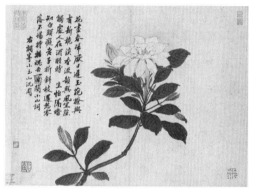

图 7.11　沈周　《卧游图册》之"栀子"

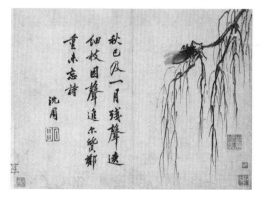

图 7.12　沈周　《卧游图册》之"蝉"

图 7.13　沈周　《卧游图册》之"雏鸡"

　　在两个画册里都出现的昆虫是蝉，均为一只伏在掉光叶子柳枝上的秋蝉。透过浅墨色的翅膀可以清晰地看到它的腹部、关节和腿，无一不是在作者细心观察之后所画，这种表现方式给人留下十分深刻的印象（图7.12）。蝉在中国自古以来就象征着复活与永生，因此有着君子所向往的几种德行而被赞美[21]。但秋蝉象征着赢弱的老态和王朝没落之态，在沈周的题诗中把入秋一个月后的蝉叫声比作忧伤的诗[22]。沈周的画与元代画家坚白子作于1330年的《草虫图卷》中的柳树与蝉非常类似，坚白子更为精巧地画出了蝉的头和透过翅膀清晰可见的腹部，柳叶则用没骨法画了出来[23]。秋天伏在柳枝上的蝉，在元代的历史背景下成为寄托文人感情的花鸟画题材，沈周应该也遵循了蝉的这一层含义[24]。

　　沈周用水墨描绘的雏鸡和水牛利用了墨的浓淡对比法，湿润的毛笔在纸上划过，利用晕染效果将它们表现了出来；用细腻的浓淡变化画出了雏鸡柔软浑圆的身体和羽毛，用浓墨点睛，并用强韧有弹性的墨线画出了嘴和腿，使雏鸡栩栩如生，特点突出。题诗字体的豁达与画面的简洁巧妙地融为一体（图7.13）；用渲染法画出了脱缰后欣喜地走在雨后长满春草的石路上的水牛身体，又用强有力的笔法画出了水牛又短又糙的毛。

　　仅用水墨画出的蝉、雏鸡、水牛以及《写生册》中的驴、鸽子、雏鸡和猫都是用自由随意的笔法，将它们的特点准确地描绘了出来，展现出了沈周的绘画天赋，在花鸟画中广泛地使用了15世纪80年代后在山水画中才使用的大胆又简洁的笔法。尤其是使鸽子、鸭子、鸡、雏鸡和水牛看上去更有生气的浓墨点睛法，使人联想到同一时期在山水画中出现的用粗糙笔尖蘸着浓墨画的苔点[25]。

二、《写生册》和《卧游图册》反映的沈周花鸟画特色

　　如上文所述，沈周两本画册中用敏锐洞察力和超群表现力画的花卉、草虫等动植物，均为经常出现在身边的平凡之物，通过它们体现出了沈周作为画家的气魄和自我

意识。这些巅峰时期的作品均有题诗，是考察其作品特点的最佳例子。沈周继承了花鸟画的传统并加以创造，形成了独具文人画特点的绘画风格。

（一）多样且日常化的题材

两本画册中出现的事物共有26种，涵盖了花卉、草虫、翎毛和甲壳类，所以沈周较之前的画家更加留意到了日常生活中出现在身边的动植物，并把它们作为描绘的对象。沈周现存作品中，有一年四季不同形态的花和树、在室内外种植的蔬菜以及家畜家禽或是常见的鸟类等近70余种题材，所有题材都体现出了沈周超群的绘画天赋，同时也大大扩展了花鸟画的题材范围[26]。沈周并没有画宋元时期文人画家们经常画的墨竹、墨梅和墨兰，也并没有画宋朝之后花鸟画中经常出现的四季花鸟和四季翎毛，而是创作出了与先前花鸟画不同风格的作品[27]。

从未参加科举考试，也未曾步入仕途的沈周，在家乡江苏苏州附近度过了他人生的绝大部分时间，并未远游过的他也未曾离开过江苏省和浙江省。这些生活体验使他更加倾向于细心观察周边的事物，并成功地画出了事物的妙趣，使绘画作品更富有诗情[28]。以苏州为中心的江南地区，流行在秀丽的自然景观中建造园林和别墅，盛行在庭院和家附近种植各种植物或养鱼鸟观赏的生活方式，以及追求闲适优雅生活的文人生活方式，都对沈周细心观察周围环境起到了积极的影响[29]。

沈周的花鸟画中有牡丹、忘忧草、石榴和猫等象征着荣华富贵、多子多福和长命百岁的吉祥事物，也有竹、梅、菊、松等象征着文人情操的事物，以及上文提到的象征着文人情怀的蝉和多次出现的白菜[30]。沈周也强调了在祝寿、登科祈愿等特殊情况下为友人创作的题画诗中所隐含着的象征性意义[31]。但绝大部分的花鸟画是在观察了多样的动植物并熟知其特征后进行创作的，并在题诗中抒发随季节改变的感伤与愉悦之情。在这些作品中出现的题诗大部分都充满着闲情逸趣，也体现了他平静且满足的情感以及对现实生活乐观的态度[32]。

文人画家沈周的画册中经常有一幅画面中出现一两种事物的情况，原因为一时兴起便可马上作画，同时这种画册也便于欣赏。《写生册》和《卧游图册》正如沈周在自题中所揭示的，是为了抒发性情和自娱自乐而精心将自己认真观察的平凡事物通过笔尖生动地描绘了出来。沈周不仅画出了前人未涉及的事物，还通过全新的方式诠释了相同的题材。驴、螃蟹和虾以独立的形式首次登场，用泼墨法画的荷叶，水墨没骨法画的猫、雏鸡和驴等用洒脱的笔墨捕捉到了其特点，使事物具有新鲜感，并对后世画家产生了深远的影响[33]。

　　1603年刊行的《顾氏画谱》中有一幅沈周的作品，这幅入选《顾氏画谱》的沈周唯一作品便是花鸟画。沈周的传世作品中，并没有桑树的折枝和叶子上的蚕，但却有其弟子孙艾临摹的《蚕桑图》，并附有沈周的题诗。由此可见，其部分反映了沈周花鸟画的特征[34]。明代后期花鸟画谱中收录的题材大部分是文人庭院中的花木，以此来展现文人的雅兴。这与沈周扩大了花鸟画的题材有关[35]。明代以后花鸟画谱中的折枝花卉画，大部分以斜线的形式和空出较大留白的方式来凸显事物的特点，这种形式极有可能来源于沈周的《写生册》和《卧游图册》。

　　（二）宋元花鸟画传统的继承

　　从先前研究中可知，沈周在学画的过程中临摹了包括"元四家"在内的宋元时期画家的作品，最终形成了自己的风格。他在1480年左右创作的山水画和花鸟画风格完全区别于先前所有画家，被评价为具有独创性画风的画家，同一时期的花鸟画在构图和用墨上与山水画有类似之处[36]。在上文中提到的传为牧溪所作的《水墨写生卷》跋文中也谈及沈周最初作画时就喜绘花鸟画，因此他是在欣赏和参考前人画作的基础上，最终形成自己的花鸟画画风的[37]。

　　现存最早的沈周花鸟画是1468年绘制的《仿王渊花鸟图》（见图6.12），有题诗及"仿王澹轩笔意于有竹庄"款识，这是研究沈周早期花鸟画风形成和变化的重要作品[38]。长两米余的画卷，与文徵明记录中沈周40岁之后才开始绘制大幅作品吻合，从他仿王渊的款识中，也可见沈周通过模仿前人的作品学习了山水画和花鸟画的技法[39]。

　　生活在14世纪的王渊（1280—1349）创作的"墨禽墨花"花鸟画，充分发挥了纸与水墨的表现力，其作品被评为元代探索花鸟画新形式的作品[40]（图7.14）。强调用精

细的工笔进行准确描绘的王渊画风，直接影响
到了沈周，使他的画风出现了真实感和造型感，
王渊作品中不同类型的花木和鸟类也为沈周扩
大花鸟画的题材提供了参考[41]。

　　在大纸上简略地画出土坡，把岩石和树木
画在中央，树上的鸟、桂树树枝、花和岩石的画
法都受到了王渊的影响，但沈周在王渊的基础上
进行了创新，将水墨和淡彩相融合的形式，给整
体画面增加了层次感。如王渊用水墨没骨法画花
瓣，而沈周用色彩渲染法画花瓣，并用水墨的渲
染画出树叶，与饱满的树枝形成对比。水墨的线
条和色彩的渲染搭配和谐是对新技法的探索，沈
周在《卧游图册》和其他花卉画上都使用了这种
技法。与王渊在画岩石、树木和鸟时过于追求精
致的僵硬画风相比，沈周的画更强调空间感，花、
树和鸟也给人以安定和舒适的感觉。这反映出沈
周对事物基本特征细心观察的态度，这一特点可
从沈周49岁（1475年）绘制的《蜀葵图》中得以
确认[42]。

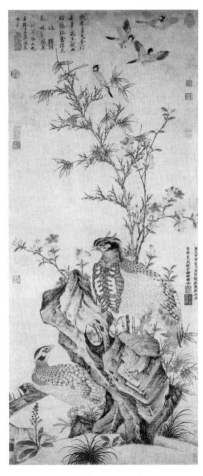

图 7.14　王渊　《竹石集禽图》　纸本水墨
纵133.7厘米，横59.5厘米　上海博物馆藏

图 7.15　（传）牧溪　《水墨写生卷》（局部）　纸本水墨　纵64厘米，横610厘米　故宫博物院藏

　　传为南宋牧溪所作的写生蔬果图（图7.15），影响了沈周花鸟画画风的形成。《水墨写生卷》是以长横卷的形式用水墨画水果、花、鸟类和甲壳类等数十种事物的作品，之前在沈周的跋文中也有所提及[43]。沈周认为牧谿注重画法，超过了黄筌和钱选（1239—1299）："不施彩色，任意泼墨沸，俨然若生，回视黄筌、舜举之流，风斯下矣。"[44]牧溪根据种类来划分花鸟画题材，如水果类、花类、鸟类、鱼类和甲壳类，这种分类方式说明牧谿所画题材包含了大自然中的多种事物，扩大了花鸟画题材的范围。

　　沈周一生中经常到禅宗寺庙与僧侣交流，因此有很多机会接触藏于寺庙的宋元禅宗画。沈周《写生册》中的葡萄图与活跃于13世纪的禅僧画家温日观的葡萄画在构图和描绘方式上相似，且沈周十分关注南宋时期禅宗绘画那种粗犷且不施雕琢的笔墨法[45]。牧谿的水墨没骨法也影响到了沈周，使他的作品不同于元代和明初期的花鸟画作品[46]。《写生册》中的虾和蟹，《蔬笋写生图》（图7.16）、《卧游图册》和《墨菜辛夷图》中的白菜，都用绝妙的笔法和墨色的变化，将平凡的题材描绘出典雅的气质，给人以新鲜感，这是在继承了牧谿水墨蔬果图画法的基础上，添加了沈周个性的作品[47]。这一特点在1480年后山水画中那收放自如的用墨法和刚劲的笔法中有所体现[48]。

　　《卧游图册》中的蝉与坚白子《草虫图卷》中的蝉类似，反映出沈周对文人水墨草虫画的关注。坚白子临摹的是赵孟𬇙（1254—1322）给他欣赏的有苏轼（1037—1101）题诗的雍秀才作品，与牧谿和王渊的水墨花鸟画不同[49]，这种水墨草虫图册是非常罕见的。水墨草虫图和秋蝉的象征性促进了沈周花鸟画风的形成。

　　综上所述，沈周继承了南宋、元代的花卉草虫图，并继承了元代"墨禽、墨花"花鸟画的传统，以老练且自信的笔墨法为基础的同时，又灵活运用了没骨法、勾勒填彩法和勾花点叶法等，最终形成了独到的画风。相较先前的水墨花鸟画，沈周花鸟画的最大特点在于多种色彩的灵活运用。这与善用水墨淡彩画花卉的钱选有关，但在沈周作品中却没有钱选的压迫感和形式美。同时沈周的作品也有别于活跃于15世纪前期、善用粗狂笔锋和奔放色彩画没骨花鸟画的宫廷画家孙隆[50]。沈周的作品，在用色上给人以平和之感，水墨和色彩能够巧妙地融合，他不受形式约束的绘画风格使每一幅作品都展现出生命力。

（三）文人画家的花鸟画

沈周将宋元文人画的精神融入花鸟画中，并在理论和创作上继承了文人花鸟画，因此沈周被认为是为明清花鸟画的发展奠定了基础的画家[51]。这是由于自沈周以后，用水墨或彩色、没骨或勾勒法等描绘多种题材的花鸟画被确立为文人画的缘故。

沈周在《写生册》和《卧游图册》中用戏笔的方式来绘画，体现了沈周"自适闲居饱食之兴"的生活态度。自述通过放松肉体来实现精神自由的卧游状态，并在花鸟画的创作与鉴赏上追求文人画的价值。戏笔意味着不受格式的约束，通过笔墨的自由运用来创作作品。用戏笔来体现大自然的规律，打破客观的描绘，掌握事物的神韵，并将创作意图和对精神自由的向往表达出来，而最终达到写意的境界[52]。"若以画求我，则在丹青之外矣"的意思是，在作画时，要跟随与自然化为一体的内心，却不被事物所操纵，坚持

图 7.16　沈周　《蔬笋写生图》　1489 年
纸本水墨　纵 56.7 厘米，横 30 厘米
台北故宫博物院藏

自己的本性和情感，来实现自己追求文人画创作的终极目标[53]。另一方面，沈周的题诗是对文人画论的基本思想——诗、书、画一体的体现，沈周的花鸟画是将文人画所追求的艺术价值全部体现出来的生动例子。

文人画所追求的艺术价值，是为了将视觉感体现在作品上，因此恰当的笔墨就显得格外重要。正如前文所述，沈周将自己的个性和意趣用大胆感性的笔法运用到了花

鸟画的创作上，保留了线条自身的生动感和节奏感，将事物的特点毫无遗漏地画了出来。这种自信的笔法、恰到好处的墨色变化以及充满雅趣的色彩运用与笔墨之美，激活了事物的生命力，体现了画家与大自然合二为一的境界。因此，沈周将客观表达的事物与主观情绪结合，使动植物成为表达自己的媒介，最终使花鸟画成为有格调的文人画。

相比文徵明和唐寅，沈周是一位生活平顺且享受人生的画家，因此有不经历人生疾苦、作品毫无深度的评价。虽然他没有用文字来记录自己的理论观点，但通过对自然的观察来体现事物发展的规律，并将它们的意义和美用诗画的形式展现了出来[54]。将在日常生活中体验到的对世界的感触，通过精练含蓄的笔墨法表达出来的同时，再将画者淡泊平静的内心世界融合进去，能更好地传达深藏在内心的感动。这样的花鸟画，可以与欣赏者产生强烈共鸣。

花鸟画的这一特性也体现在他的诗歌中。忠厚且平生以布衣文人身份生活的沈周，创作的诗歌并不围绕政治或以宣扬道德为目的，而以描述亲情和日常内容的偏多[55]。诗的题材、内容，以及简洁自然的诗语完全没有受到传统格式的制约，不回避平凡却显得悠闲自在。因此，沈周的诗和画都能够很好地体现出他才是实现了生活与艺术和谐统一的真正文人。

结语

继沈周后，花鸟画成为文人画的组成部分，从16世纪开始文人花鸟画得到更好的发展，开始出现专门的花鸟画家。沈周画中经常出现的蔬菜、水果、花卉和动物等成为清代文人画家所喜爱的题材。受沈周花鸟画影响的有吴派画家陈淳、王穀祥、周之冕和徐渭，清代的恽寿平（1633—1690）、八大山人（1626—1705）、李鱓（1686—1762）、齐白石（1864—1957）等[56]。但他们以花卉画为主，并不像沈周涉猎了多种题材。

《写生册》和《卧游图册》中的花鸟画传达了沈周对现实积极乐观的态度，这种态度主要通过他对身边常见事物的怜爱体现出来。他的表现方式大胆自由却不失真实，给观赏者传递丰富的现实感。沈周花鸟画的这种特征褪去了元代花鸟画中的脱俗、隐逸等避世情绪和僵直的风格，为新风格的形成奠定了基础[57]。

沈周继承了宋元时期花鸟画的传统，以独具一格的表现方式将日常生活中的事物描绘得极富格调。图中添加了诗和题跋，突破单纯的写生模式，以写意的形式来表达情感，扩大了文人花鸟画的表现范围。因此，沈周之后的画家开始探索不同画法，激发他们施展个性形成独特的风格，谱写了花鸟画发展的新传奇。在陈淳那用彩色没骨法来捕捉事物本质，并把生机和情趣画出来的花卉画和徐渭那用自然奔放的水墨没骨法画的花鸟画中，都可以看到追求事实与心境的沈周花鸟画之特点。沈周自由的水墨法、水墨与色彩的结合以及色彩感，对陈淳和徐渭影响极大。

今后如果对沈周的传世花鸟画进行多角度多层次的深入研究，那么花鸟画将在文人画中，与山水画占据同样重要的地位，更有利于扩大文人画的领域，那么就可以更加突出沈周在花鸟画上的贡献了。

（许放审校）

注释：

1　Richard Edwards, *The Field of Stones: A Study of the Art of Shen Chou(1427-1509)* , Washington: Freer Gallery of Art, 1962; Richard Edwards, "Shen Chou and the Scholarly Tradition", *The Journal of Aesthetics and Art Criticism*, XXIV/1(Fall, 1965), pp. 45-52; Richard Edwards, *The World Around the Chinese Artist: Aspects of Realism in Chinese Painting*, Ann Arbor: The University of Michigan, 1987, pp. 57-104; Ma Jen-mei, *Shen Chou's Topographical Landscape*, Ph.D. dissertation, University of Kansas, 1990; 肖燕翼：《沈周的写意花鸟画》，《故宫博物院院刊》1990 年第 3 期，

第 74—81 页；Chi-ying Alice Wang, *Revisiting Shen Zhou(1427-1509): Poet, Painter, Literati, Reade*r, Ph. D. dissertation, Indiana University, 1995；阮荣春：《沈周》，吉林美术出版社，1996 年；金信永：《明代石田沈周的仿古绘画研究》，弘益大学硕士学位论文，2002 年；段红伟：《沈周画传》，山东画报出版社，2004 年；Ann Elizabeth Wetherell, *Reading Birds: Confucian Imagery in the Bird Paintings of Shen Zhou(1427-1509)*, Ph. D. dissertation, University of Oregon, 2006；杨建峰编：《中国历代书画名家经典大系·沈周》，江西美术出版社，2009 年；Lee Chun-yi, *The Immortal Brush: Daoism and the Art of Shen Zhou(1427-1509)*, Ph. D. dissertation, Arizona State University, 2009.

2 张志诚：《朝鲜中期花鸟画》，《涧松文华》第 79 辑，2020 年，第 105—144 页；李源福：《谦斋郑敾的花卉翎毛画——花卉画中的地位及画境》，《美术资料》第 80 辑，2011 年，第 70—96 页；李垠河：《17 世纪宗亲李建（1614—1662）与李涵（1633—？）的花鸟画研究》，《美术史学》第 26 辑，2012 年，第 133—166 页。此文只谈到沈师正积极学习了包括沈周在内的文人画家们的花鸟画。李礼成：《玄斋沈师正的花鸟画研究》，《美术史学研究》第 214 辑，1997 年，第 44 页。

3 "……先生绘事当代第一，山水、人物、花竹、禽鱼悉入神品。"见王穉登：《国朝吴郡丹青志》；黄宾虹、邓实编：《美术丛书》第 6 册，（台北）艺文印书馆，1975年，第 131 页。

4 董其昌：《容台集》，台北"中央"图书馆，1967 年，第 2169 页；俞剑华著、金大源译：《中国古代画论类编》第 4 卷"花鸟畜兽梅兰菊竹"上，多韵泉，2004 年，第 200—201 页、第 208 页、第 212—213 页。

5 《文人画粹编》第 4 卷《沈周·文徵明》，中央公论社，1972 年，第 8 页、第 52 页。

6 徐邦达：《古书画伪讹考辨》下卷，江苏古籍出版社，1984 年，第 33 页。

7 沈周的传世作品中花鸟画约占四分之一。见 Ann Elizabeth Wetherell，第 3 页。关于传世作品的目录，可参见信英，第 163—168 页。

8 关于花鸟画的名称和意义，可参见李垠河：《朝鲜时代花鸟画研究》，高丽大学博士学位论文，2011 年，第 4—8 页。

9 孔六庆：《中国画艺术专史·花鸟卷》，江西美术出版社，2008 年，第 313—346 页。

10 该画册见王耀庭主编：《故宫书画图录》第 22 册，台北故宫博物院，2003 年，第 84—189 页。

11 《宣和画谱》，《画史丛书》第 1 册，（台北）文史哲出版社，1974 年，第

540—642 页。

12　葛路著、姜宽植译：《中国绘画理论史》，美进社，1990 年，第 274—275 页。

13　董其昌：《容台集》，第 2169 页。

14　1489 年作的《蔬笋写生图》、1500 年作的《写生海棠图》、1502 年作的《红杏图》也有这样的特点。作品出自台北故宫博物院编辑委员会：《故宫书画图录》第 6 册，台北故宫博物院，1991 年，第 203—204 页；*Eight Dynasties of Chinese Painting: The Collections of the Nelson Gallery-Atkins Museum*, Kansas City, and The Cleveland Museum of Art (Cleveland: The Cleveland Museum of Art, 1980), p. 180；故宫博物院编：《明代吴门绘画》，香港商务印书馆，1990 年，第 42 页。

15　卢辅圣主编：《中国花鸟画通鉴·吴郡花草》，上海书画出版社，2008 年，第 31—33 页。画菊花的"勾花点叶"法，亦见于沈周 1509 年的作品《菊花文禽图》。图版见《文人画粹编》第 4 卷《沈周·文徵明》，第 52 页。

16　画册中所有的图都参照了故宫博物院编：《明代吴门绘画》，第 32—37 页。

17　在张丑（1577—1643）的《真迹日录》中收录了沈周 80 岁（1506 年）完成的《卧游小册》。该画册由 24 面构成，虽然不清楚该画册的具体内容，但由此可以了解到沈周在晚年也创作了同名画册。参见张丑：《真迹日录》，《美术丛书》第 26 册，第 125 页。《世界美术大全集 东洋编》第八卷·明，小学馆，1999 年，第 363—364 页。

18　杏花上的题诗体现了老年情怀："老眼于今已敛华，风流全与少年差。看书一向模糊去，岂有心情及杏花。"

19　有 5 幅山水画是彩色画，水墨山水画有雪景山水和倪瓒式的秋景山水。

20　《花鸟册》可参照苏州博物馆编：《苏州博物馆藏明清书画》，文物出版社，2006 年，第 30—33 页；《四季花卉图》参照 Richard Barnhart, *Peach Blossom Spring: Gardens and Flowers in Chinese Painting*, New York: The Metropolitan Museum of Art, 1983, pp. 58-61。虽然这两幅作品都没有明确纪年，但都是沈周 60 岁之后的作品。

21　晋朝陆云的《寒蝉赋》序中写到头上有绥（文）、含气饮露（清）、黍稷不享（廉）、处不巢居（俭）、应候守常（信）、加以冠冕（容）等蝉的诸多德行。陆云：《陆士龙集》，卷 1，《景印文渊阁四库全书》第 1063 册，第 398—399 页；李源福，第 87 页。

22　秋已及一月，残声绕细枝。因声进尔质，郑重未忘诗。

23　坚白子或是文人画家周伯琦（1298—1369）的号，但不确定二者是否为同一人。故宫博物院所藏该作品中的题跋上提到，坚白子临摹了赵孟頫给他看的、有苏轼题诗的画家雍秀才的画。参见徐建融：《宋元水墨花鸟》，山东美术出版社，2004 年，第 82—83 页。

24 元代文人虞集（1272—1348）的题画诗《画扇柳蝉》十分有名，坚白子画上苏轼的题诗也是咏秋蝉的诗。Eugene Wang, "The Elegiac Cicada: Problems of Historical Interpretation of Yuan Painting," *Ars Orientalis*, vol. 37(2007), pp. 176-194。

25 Richard Edwards, *The Field of Stones: A Study of the Art of Shen Chou*, p.74.

26 卢辅圣主编：《中国花鸟画通鉴·吴郡花草》，第 53 页。

27 从临摹扬补之（1097—1169）的《四梅图》和在吴镇临摹的苏轼《风筝图》之题诗上，可以领悟到沈周对文人的墨梅和墨竹也有着浓厚的兴趣，但实际上他并没有创作出过多的作品。Richard Edwards, *The Field of Stones: A Study of the Art of Shen Chou*, p78; 沈周：《石田诗选》，《景印文渊阁四库全书》第 1249 册，台湾商务印书馆，第 686 页。关于四季花鸟图可参考小川裕充《中國花鳥畫の時空 -- 花鳥畫から花卉雜畫へ》，《花鳥畫の世界》，学习研社，1983 年，第 92—107 页。

28 日比野丈夫：《吴派の 袖 沈周·文徵明》，《文人画粹编》第 4 卷《沈周·文徵明》，第 105—110 页。通过沈周的诗可以了解到他对花、树、鸟等自然事物的关注度。同上书，第 700—718 页。

29 陈宝良：《明代社会生活史》，中国社会科学出版社，2004 年，第 20—21 页、第 364—366 页。

30 关于白菜的文学意义，可参照 Alfreda Murck, "Paintings of Stem Lettuce, Cabbage, and Weeds: Allusions to Tu Fu's Garden", *Archives of Asian Art*, vol. 48(1995), pp. 32-47。

31 台北故宫博物院所藏沈周《古松图》和《双松图》皆是为了祝寿而作。《故宫书画图录》第 6 册，第 227—228 页、第 241—242 页。故宫博物院藏沈周 1502 年创作的《红杏图》是为了预祝刘珏曾孙布甥的顺利登科而作（编者按：该图是为祝贺刘布及第所作，并非预祝），上海博物馆藏《折桂图》是姚绶（1423—1495）为预祝陈师尹在乡试中高中而拜托沈周创作的作品。杏树和桂树都象征着登科，参见野崎诚近撰，边英燮、安永吉译：《中国美术象征辞典》，高丽大学出版部，2011 年，第 479—495 页。画出于故宫博物院编：《明代吴门绘画》，第 42 页；中国古代书画鉴定组编：《中国绘画全集》第 11 册，文物出版社，2000 年，第 69 页。关于鸭子和鸡的儒家象征性意涵可参照 Ann Elizabeth Wetherel, pp. 145-152。

32　《卧游图册》中枇杷和白菜图的诗尤为明显。《枇杷》：“弹质圆充饥，蜜津凉沁唇。黄金作服食，天亦寿吴人。”《白菜》：“南畦多雨露，绿甲已抽新。切玉烂蒸去，自然便老人。”

33　卢辅圣主编：《中国花鸟画通鉴·吴郡花草》，第 61—62 页。将沈周的画与南宋同一题材的画进行对比，便可看出沈周画的创新之处，尤其是与活跃于 12 世纪李迪的画进行对比后，便可得知前代的画更重视客观的写生，而沈周的花鸟画完全呈现出不同的特点。Richard Edwards, *The World around Chinese Artist：Aspects of Realism in Chinese Painting*, pp. 76-80.

34　顾炳：《顾氏画谱》，《中国古画谱集成 2》，山东美术出版社，2000 年，第 172 页。孙艾《蚕桑图》可参照《明代吴门绘画》，第 45 页。《顾氏画谱》的编者是杭州人，学习过周之冕的花鸟画并对沈周的花鸟画有着浓厚的兴趣。参见《中国美术家人名辞典》，（台北）文史哲出版社，1982 年，第 1539 页。

35　车美爱：《中国花鸟画谱的类型和系谱》，《美术史论坛》第 22 辑，2006 年，第 145—146 页。

36　Richard Edwards, *The Field of Stones：A Study of the Art of Shen Chou*, pp. 7-21, p. 71。

37　参考注释 6。虽然该跋文没有纪年，但通过书体和 60 岁之后才开始使用的号“白石翁”白文方印能看出来这是他晚年的字。参见肖燕翼《沈周的写意花鸟画》，第 75 页。

38　*Eight Dynasties of Chinese Painting*, pp. 176-177.

39　目前已知沈周纪年最早的作品是 1464 年的《幽居图》（日本大阪市立美术馆藏）。作于 1467 年的早年代表《庐山高图》是一幅受前人影响颇深的大幅作品。Richard Edwards, *The Field of Stones：A Study of the Art of Shen Chou*, pp. 6—7; pp. 11—14。

40　王渊、张中（活动于 14 世纪中叶）等人的“墨禽墨花”继承了宋代以细腻写生花鸟画为特点的院体花鸟画，同时又受到了元代文人画家水墨山水与墨竹、墨兰、墨梅的影响，发挥了以水墨为主的表现方式。参见汪悦进：《“锦带功曹”为何退色——王渊〈竹石集禽图〉及元代竹石鸰毛画风与时风之关系》；上海博物馆编：《千年丹青：细读中日藏唐宋元绘画珍品》，北京大学出版社，2010 年，第 290—313 页。

41　王渊的作品可参照中国古代书画鉴定组编：《中国绘画全集》第 8 册，文物出版社，1999 年，第 24—29 页。

42　《蜀葵图》参考了 *Eight Dynasties of Chinese Painting*, pp. 177-178。在王渊

水墨花鸟画的基础上创造出新画风的文人画家张中也影响了沈周画风的形成。上海博物馆所藏张中《芙蓉鸳鸯图》是沈周家族收藏的作品，沈周画芙蓉花时经常使用清新干净的没骨法，便来源于此。参见徐建融：《宋元水墨花鸟》，第 88 页。

43　传为牧溪所作的《写生卷》与《水墨写生卷》分别收藏在台北故宫博物院和故宫博物院，这两幅作品都是明代的仿作，沈周的跋文可见于故宫博物院的藏品之上。沈周的跋文之前在吴宽（1435—1504）收藏的牧溪真作中，后来被分开装裱在了仿作上。

44　沈周对牧溪的评价，因与汤垕《画鉴》和夏文彦《图绘宝鉴》的否定评价不同而备受关注，成为转变对牧溪作品认识的契机。台北故宫博物院所藏《写生卷》中查士标的跋文，提到牧溪通过沈周进而影响了王穀祥和陆治。因此，牧谿之图成为明代画家水墨花鸟画重要范本的可能性很大。陈淳和徐渭经常使用到的以长卷的形式画花和水果之形式，也是延续了牧谿绘画的传统。铃木敬：《中国绘画史（下）》，吉川弘文馆，1995 年，第 373—377 页。高居翰：《早期中国画在日本——一个"他者"之见》，上海博物馆编：《千年丹青：细读中日藏唐宋元绘画珍品》，第 72—73 页。

45　James Cahill, "Continuations of Ch'an Ink Painting Into Ming-Ch'ing and the Prevalence of Type Images", *Archives of Asian Art*, vol. 50(1997), pp. 25_27.

46　沈周《卧游图册》中画的枇杷和石榴，牧谿也曾描绘过，采用没骨法画出的果实和叶子非常相似。参见肖燕翼：《沈周的写意花鸟画》，第 75—77 页。

47　《蔬笋写生图》《墨菜辛夷图》是沈周花卉画的代表作。铃木敬：《中国绘画史（下）》，第 181—182 页；故宫博物院编：《明代吴门绘画》，第 40 页。

48　Richard Edwards, *The Field of Stones: A Study of the Art of Shen Chou*, p.73.

49　坚白子此作于"游戏三昧"中，继承了从苏轼到赵孟頫的文人画传统。Eugene Wang, pp. 188-191.

50　Richard Barnhart, pp. 60_62.

51　孔六庆：《中国画艺术专史·花鸟卷》，第 354—357 页。

52　中国学界将花鸟画分为勾勒、没骨、写意画派，将写意画法明显的花鸟画叫作写意花鸟画。因此，沈周的花鸟画也被称作文人写意花鸟画。但写意画法并不是以材料和画法而形成的概念，而是画出作者意图的非可视性概念，因此可导致将写意理解为是一种画法的误解。同时，写意是文人画中最为本质的价值，可理解为与"文人写意花鸟画"的意义相重复。参见肖燕翼：《沈周的写意花鸟画》，第 74—75 页；边英燮：《读文人画与写意性》，《美术史资料和解释》，一志社，2008 年，第 44—45 页。

53　曹松植：《"卧游"思想的形成与艺术性的实现——以六朝时代到北宋时期艺

术论为中心》，首尔大学博士学位论文，1998 年，第 149—159 页。

54　从这一点来看，沈周可以与同时期的理学家陈献章（1428—1500）比肩。和沈周一样，一生隐居培养后学、成为心学先驱的陈献章并没有留下理论论著，只是用诗歌的形式传递了哲学思想。作为诗人和诗论家的陈献章将琐碎的日常生活以及与生活相关的所有事不加任何人为的修饰，以自然诗的形式表现了出来。活跃于广东省的陈献章与沈周并没有过直接交流，但当沈周得知陈献章离世的消息时，沈周为其写过诗。以此来看，二者是有互相认识的可能性的。Wen C. Fong, *Images of the Mind: Selections from the Edward L. Elliott Family and John B. Elliott Collections of Chinese Calligraphy and Paintings at The Art Museum, Princeton University*, Princeton: The Art Museum, Princeton University, 1984, pp. 144-151. 沈周：《石田诗选》，第 677 页。陈献章诗可参考陈献章著、申旻也译：《陈献章诗选》，知识创造知识，2010 年。

55　汪涤：《明中叶苏州诗画关系研究》，上海文化出版社，2007 年，第 98—120 页。

56　阮荣春：《沈周》，第 167—168 页。

57　关于元代花鸟画的性质可参照 Robert Harrist, "Ch'ien Hsüan's Pear Blossoms: The Tradition of Flower Painting and Poetry from Sung to Yüan," *Metropolitan Museum of Art Journal*, 22(1987), pp. 53-70.

沈周早期绘画制作之仿古意识
——以《九段锦图册》为中心

＿＿板仓圣哲（いたくら まさあき）

日本东京大学东洋文化研究所教授，主
要研究方向为宋元绘画史及东亚美术交
流。重点考察图像在东亚文化领域的共
享和分化，探究图像的创作、传播和接
受过程，以及南宋画院画家的作品。

＿＿文章出处

《沈周早期の作画における倣古意識ー〈九段錦画冊〉（京
都国立博物館）を中心に》，根据 2012 年 11 月 6 日于苏
州博物馆举办之"石田大穣——吴门画派之沈周特展"国
际学术研讨会中笔者的研究报告改写。

＿＿译者简介

邱函妮，日本东京大学美术史学博士，现为中国台湾大学
艺术史研究所助理教授。

序　沈周与雪舟——同世代"古典"意识之比较

室町时代的画僧雪舟等杨（1420—1506？）可以说是东亚美术史上最著名的日本水墨画家。他在成化三年（1467年，室町时代应仁元年）加入遣明使节的行列，前往明代的中国，前后停留了大约三年的时间。滞留中国期间，他大多数时间都待在北京与宁波这两个城市，推测他曾与同时代的画院画家、文人画家有所接触，并从他们那里学到许多[1]。从现存雪舟的真迹，包括他滞留中国期间绘制的《四季山水图》（1468年，日本东京国立博物馆藏），以及归国后绘制的《山水图卷》（1474年，日本山口县立美术馆藏）来看，雪舟对当时画院中所重视的"古典"南宋画院画家，以及属于米式山水画系统的元代高克恭等文人画家作品的情况有所认识[2]，而这样的认识也反映在他自己的画作中。

雪舟所窥见的这一时期的画坛，在中国绘画史上被视为是一大转折期[3]。从宏观的角度来看，明代画坛到了文徵明（1470—1559）的世代时，归属于吴派，至于后来，文人攻击晚期浙派为狂态邪学，由此形成了将浙、吴二派放在对比位置来论述的模式。因此，沈周（1427—1509）作为文徵明的老师，虽被视为吴派的开端，却还是处在浙、吴二派明确对立模式之前，所以沈周自身的言论，也不能单纯从浙、吴二派对立的模式中来理解。况且，雪舟访明时，沈周正好是41岁到43岁，从现存作品来看，相当于他的早期阶段，这正是沈周热心于作画的画风形成期。本文将以沈周早期，也就是四十几岁时的作品为中心，来探讨他的绘画典据来源，并探讨他的"古典"或仿古意识的表现。

沈周早期画作之定位

沈周，苏州人，字启南，号石田、白石翁。沈氏一族是苏州郊外相城里的名家，曾祖父沈良琛（1340—1409）曾与元末四大家的王蒙（1308—1385）有过交往，而祖父沈澄（1376—1463）不亚于元代顾德辉（1310—1369），曾经与许多文人交流集会，伯父沈贞（1400—1482？）、父亲沈恒（1409—1477）向陈继学习文章学问，并邀请了王梓等人至家塾中任教[4]。沈周最初担任负责征税事务的粮长，但他并没有入仕而是以在野处士的身份生活[5]。他擅长诗书画，绘画师从陈继之子陈宽，以及杜琼（1396—1474）、刘珏（1410—1472），擅长山水画及花卉杂画。

吴派属于文人画家体系，活跃范围以苏州为中心，对吴派画家而言，元末四大家的画风是最重要的典据来源。这一点，沈周也不例外。明末文人李日华曾于《六研斋笔记》中总结沈周所师法对象的演变如下：

> 石田绘事，初得法于父、叔，于诸家无不漫澜。中年以子久（黄公望）
> 为宗，晚乃醉心梅道人（吴镇），酣肆融洽。杂梅老真迹中，有不复能辨者。

这一见解，在现代的沈周绘画研究中也经常被引用，基本上是被认可的[6]。此外，从沈周父亲、伯父的画作，可以了解沈周的成长环境，例如沈贞的《秋林观瀑图》（1425年，苏州博物馆藏）、《竹炉山房图》（1471年，辽宁省博物馆藏）、沈恒《查氏丙舍图》（私人收藏），以及沈周姐夫的父亲刘珏的《清白轩图》（1458年，台北故宫博物院藏）。刘珏也是沈周老师之一，在这件作品中，他描绘了自己的书斋，并获参加酒宴的沈澄、沈恒等人赠诗，后来在1474年沈周也于画上题跋，故在这件画作中，可以看到沈家三代人的书法。另外，杜琼、沈周、刘珏的合作画《报德英华图》（故宫博物院藏）中，虽然缺了第三段刘珏画的部分，但是卷头的题字还在，根据杜琼作于 1469 年的题识，沈贞及其季子沈文叔曾对杜琼画的部分加笔描绘，因此，可以将这件作品看成是沈氏两代人与其老师的合作画。也就是说，沈周最初通过元末四大家风格继承者的苏州文人画家来学习元末四大家的风格，他所师法的对象从始至终都是以元末四大家为中心，这一点毋庸置疑[7]。

不过，在沈周的画作中，也可以找到完全不同于上述画风的"北宗画"元素。当时对戴进的评价非常高，沈周可能也意识到了这一点，这从他绘有《临戴进谢安东山图》（1480 年，私人收藏）等可以知道。不仅如此，从沈周现存作品以及文献中，可以确认他与南宋马远、夏圭，元代孙君泽，一直到戴进的这个绘画脉络有关联。虽然《江山清远图》（1493 年，台北故宫博物院藏）很难被认为是沈周的真迹[8]，但是他摹写夏圭《溪山清远图》（台北故宫博物院藏）的图样，显示出其师法夏圭山水图卷的可能性。同时，如果参照文献中沈周题夏圭、孙君泽作品的诗作，包括《夏圭山水为华尚古题》《题孙君泽山水寄华光禄汝德》[皆收录于《石田诗选》（文渊阁四库全书本）卷 8]，也可以说明沈周对夏圭、孙君泽有很多关注[9]。出于明代前期的时代要求，当时的宫廷画院中，认为宋画院是"古典"的，比如李在、马轼、夏芷合作的《归去来兮图》（1424 年，辽宁省博物馆藏）中，李在就根据南宋画院画家的画风来分别描绘各图[10]。另一方面，南宋院体画在元代以后，作为浙派的地域风格被固定下来，就这个意义而言，也可以理解为南宋院体画被有意识地放到江南画的传统当中，也具有了地域性格。而这个绘画流派意识，在之前提到成化年间访问中国的雪舟《四季山水图》（日本东京国立博物馆藏）、《山水长卷》（日本毛利博物馆藏）等作品中也可以看到[11]。

以下将从现存作品来探讨沈周早期画作中的仿古意识。文徵明是吴派画坛领袖，也是沈周弟子，他在《题石田临王叔明小景》（《甫田集》卷 21）中有这段描述：

> 石田先生风神玄朗，识趣甚高。自其少时作画已脱去家习。上师古
> 人，有所模临，辄乱真迹。然所为率盈尺小景。至四十外，始拓为大幅。

粗株大叶，草草而成。虽天真烂发，而规度点染，不复向时精工矣。

从这段文献中，可以知道沈周在40岁之前，有较多临摹古人的小品画作，而40岁以后，则开始描绘大幅画作，使用粗放的笔法来展示丰富的创意，此种风格后来发展为强有力的晚年画风。此处提出的对沈周绘画风格发展之看法，经常被引用，也已受到研究者的验证[12]。

沈周画作中，作为早期作品经常被提到的有以下几幅：

1461年　35岁　《为碧天上人作山水图》（瑞士里特堡博物馆藏）

1464年　38岁　《幽居图》（日本大阪市立美术馆藏）

1466年　40岁　《采菱图》（日本京都国立博物馆藏）

1467年　41岁　《庐山高图》（台北故宫博物院藏）

1469年　43岁　《魏园雅集图》（辽宁省博物馆藏）

1469—1470年　43—44岁　《崇山修竹图》（台北故宫博物院藏）

根据古原宏伸的看法[13]，《幽居图》（日本大阪市立美术馆藏）画面上方的题诗是同一人的笔迹，画风也与时代不合，所以应该把这件作品从讨论中排除，而《采菱图》（日本京都国立博物馆藏）若与后面将提到的《九段锦图册》（日本京都国立博物馆藏）第6图比较，便可以知道这件作品不是真迹，而应该是摹本。

这个时期的代表作是《庐山高图》（台北故宫博物院藏）。这件作品是为了庆祝沈周老师陈宽古稀之寿所描绘的，也是沈周40岁以后尝试大幅画作的象征性画作。这件作品模仿自王蒙。另外，从《为碧天上人作山水图》（瑞士里特堡博物馆藏）、《崇山修竹图》（台北故宫博物院藏）中也可看到王蒙画风，而《魏园雅集图》（辽宁省博物馆藏）则仿自王蒙、黄公望。由此可见，沈周在元末四大家中，对王蒙的体悟格外深刻。

《九段锦图册》中的仿古意识

在日本，泷精一曾经在1932年的《国华》杂志上介绍过这件画册。《中国名画集》（有正书局）、《明四大家画谱》中也曾经刊载过图版，海内外的研究者早已知道此件作品的存在以及画作本身的高品质[14]。此画册清初为高士奇所有，清末经由端方之手，成为蒋谷孙的收藏，而在《国华》上介绍时为林平造所藏。从著录上看，清代高士奇《江村消夏录》、清代方濬颐《梦园书画录》、清代卞永誉《式古堂书画汇考》中都记载了这件画册。现存的画册缺了三张图，根据跋文可知，乾隆二十四年（1759）梁诗正购入画册时，这三张图就已经散佚了。画册中的其中一图也非原图，而是将别的作品混入其中。《江村消夏录》记载了各图的典据，而同样在乾隆二十四年（1759）时就已经缺失的董其昌（1555—1636）跋文中，也记载了沈周师法的部分来源。各图的记载与现状对应如下：

仿赵孟頫　青绿山水　第2图（摹写）（图8.1）

仿王蒙　缺失

仿吴镇　缺失

仿赵伯驹　田家耕作　第1图（图8.2）

仿惠崇　青山红树　第3图（图8.3）

仿王绂　野客溪桥　第4图（图8.4）

仿赵雍　归去来　第5图（图8.5）

仿李成　雪山　缺失

仿赵令穰　采菱　第6图（图8.6）

第2图明显不是沈周的笔法，但是与沈周中年时期的《盆菊幽赏图》（辽宁省博物馆藏）等画作有类似之处，比如在背景处涂上淡墨来制造出古画的效果，由此推测，这

图8.1　沈周　《九段锦图册》之"青绿山水"　纸本设色
纵17.8厘米，横34.3厘米　日本京都国立博物馆藏

图8.2　沈周　《九段锦图册》之"仿赵伯驹小景"　纸本设色
纵18.7厘米，横31.8厘米　日本京都国立博物馆藏

图8.3　沈周　《九段锦图册》之"青山红树"　纸本设色
纵17.9厘米，横32.1厘米　日本京都国立博物馆藏

可能是根据原图所作的仿本。另外，第1图不仅尺寸与其他作品明显不同，而且纸张的抄纸痕迹是横向的，与其他五图区别明显。由此可知，这件画册并不是沈周一开始就有计划而作的，而是有人收集了沈周前期作品重新编成的。如果是这样的话，就不得不检讨，关于各图师法对象的记载也可能是沈周以后（不晚于董其昌之前）的事情。

第6图上有杜琼于成化七年（1471）所写的题画诗，这是沈周之弟沈召（字继南）为其兄的《采菱图》向杜琼所求的题诗，因图景与杜琼旧作诗意相合，故题。剩下的四幅作品中，皆有相同的"启南"朱文方印。仔细观察的话，"启"字的第一画，以及"南"字的左右角比较圆润，这样的用例并没有在其他作品中看到，因此可将本

画册放在沈周早期画作中最
初期的位置上。另外，从印章
缺损的状况来看，这几件作品
并不是同一时期所作，而是相
隔了一段时期，推测是以第5
图、第4图、第1图、第3图的
顺序创作的。根据上述这些情
况，再考虑第6图的创作时间，
可以认为本画册重新编辑成册
的时间是沈周在世时，恐怕是
在第6图题记时间的前后，很
可能是沈周身边的人重新编排
的。接下来将按照所推测的制
作顺序来观察各图。

第5图 仿赵雍 归去来

这件作品一眼就令人联想
起元初遗民画家钱选的《归去
来图》（美国大都会艺术博物馆
藏）[15]。船上人物的衣着也具有
陶渊明的特征，但是观察细节
的话，可以发现这幅画与诗的
内容不同，没有描绘迎接家人
的部分。画面整体施以纤细的
淡彩，比如天空的蓝色等，背
景描绘了枯木鸦群等小景，表

图 8.4 沈周 《九段锦图册》之"野客溪桥" 纸本设色
纵 17.8 厘米，横 32.1 厘米 日本京都国立博物馆藏

图 8.5 沈周 《九段锦图册》之"归去来" 纸本设色
纵 17.8 厘米，横 32.6 厘米 日本京都国立博物馆藏

图 8.6 沈周 《九段锦图册》之"采菱" 纸本设色
纵 18 厘米，横 31.4 厘米 日本京都国立博物馆藏

图8.7　沈周　《采菱图》　明　纸本设色
纵36.3厘米，横22.8厘米　日本京都国立博物馆藏

现的是晚秋景色。

第4图　仿王绂　野客溪桥

桥上立有一人的画面布局与《策杖图》（台北故宫博物院藏）等作品共通，这两件作品都受到王绂山水画的影响。王绂是元末四大家倪瓒的继承者。这件册页省略远景而聚焦前景，有意识地以水墨为中心来使用擦笔，从这一点来看，可以说是十分正统地继承了元代文人画的做法。对岩石的描绘与《有竹庄赏月图》（1486年，私人收藏）相近[16]。另外，在画面左侧的树下有以淡彩描绘的蜀葵，作为水墨画中的点缀，也令人印象深刻。

第1图　仿赵伯驹　田家耕作

上文提到这一幅尺寸稍大，用纸也不同。画面右边绘有水田与龙骨车，左边是农村。画中人物描绘细致，正从左往右走，画中还出现了小狗。这一画面令人联想起桃花源，仿佛在迎接着右边来的访客。

第3图　仿惠崇　青山红树

虽称是仿自北宋时活跃于江南的画僧惠崇，实际上是模仿王蒙、黄公望的青绿山水图。墨皴上重叠以彩色皴法的手法，在沈周后期作品中也可见到。这种皴法表现，与其早期的《诗画合璧册》（美国波士顿美术博物馆藏）中的《溪亭访友图》、中期的《平远山水图》（1477年，美国波特兰美术馆藏）类似，而松树的表现则近于《松下停琴图》。

第6图　仿赵令穰　采菱

这件作品被称为仿自赵令穰，从构图上看，是将传为北宋赵令穰的《湖庄清夏图》

（署1100年款，美国波士顿美术博物馆藏）的远景部分反转而成。主题及基本构成均与《采菱图》（1466年，日本京都国立博物馆藏，图8.7）具有共通点，对比树木描绘的话，日本京都国立博物馆本很难认为是沈周的原作。皴法也不同，可能是仿自赵令穰，不使用皴法，而是在淡彩上加上墨。透明的蓝色远山以及朱红色的夕照，呈现出具有傍晚时刻鲜明特色的风景，与表现树叶与菱叶的点描相呼应。这件作品后来也为扬州八怪的金农所摹写，即《采菱图》（上海博物馆藏）。

如果将各图放在一起观察的话，可以看到对画中人物的描写密度有简略化的倾向。也就是说，从忠实于原作的第5图，到与其他图可以找到共通点的第3图、第6图，可以看到沈周40岁以前在往单纯化与图式化发展的过程中发现了创意丰富的绘画境界。

从这件画册各图所师法的对象来看，可以明确地看出沈周具有元代以来江南文人画的流派意识。如元初赵孟頫及其子赵雍，元末四大家之吴镇、王蒙，而明初的王绂也是继承了倪瓒的画风。这样的现象，在沈周的上一辈中也可见到，它产生于苏州文人圈，甚至成为定位吴派绘画流派的前提。

而沈周这个时期仿古意识的特征，倒不如说是除此之外的部分。关于其由来，首先可以推测是源自沈周身边的古画以及他自己所收藏的画作。沈周最著名的收藏品应该是元代黄公望（1269—1354）的《富春山居图》（台北故宫博物院、浙江博物馆藏）。关于沈周收藏品的内容，可以从他的好友都穆（1459—1525）《寓意编》之记载，以及收藏于台北故宫博物院的现存作品中知道[17]。其中，收藏于台北故宫博物院的两部画册是《历朝画幅集册》与《烟云集绘册第三册》，前者包括传为北宋李成的《瑶峰琪树图》、传为北宋惠崇的《秋浦双鸳图》，后者包括传为南宋赵伯驹的《仙山楼阁图》《水阁弹棋图》以及其他南宋画院画家的作品[18]。也就是说，沈周亲眼所见的古画对其绘画有着重要的影响。

不仅是文人画，其中还可以看到宗室画家所属的绘画流派。例如，赵令穰、赵伯驹就属于宗室画家，李成是唐皇室末裔，赵孟頫、赵雍是宋皇室的末裔，至于僧惠崇则是创始小景画的江南画僧[19]，小景画在两宋交替期也流行于宗室画家之间。这种绘画流派意识萌芽于北宋李廌《德隅斋画品》中，在元代汤垕《画鉴》中变得更加明确：

　　宗室光州防御使令穰，字大年，予虽未之识，然雅闻有美才高行，读
书能文，自少善作山水，士大夫往往有之，以为珍玩……大年用五色作山
水、竹树、凫雁之类，有唐朝名画风调。江都王鞍马、滕王《蛱蝶图》，皆唐
宗室之妙画，可与之方驾并游矣。乃知贵人天质自异，所专习，则必度越
流俗也。（《画品丛书》本《德隅斋画品》）

　　宋宗室如千里、希远，皆得丹青之妙。如大年小景、墨雁、杂禽，又出
寻常宗室笔墨之外者。濮王宗汉墨雁，可入神品。（《画品丛书》本《画鉴》）

　　也就是说，从本画册中所窥见的仿古意识，是综合苏州所继承的文人画流派意识
以及宗室画家的流派意识之后，又以沈周自己的方式加以改变的结果。

　　在沈周的作品中，这件早期画作虽给人以稍稍不同于以往的印象，却也给后世带来
重大影响。下一个世代明确了吴派文人画的方向，领袖文徵明从其师沈周身上学习到许
多。不过，若对比以晚年为中心的现存沈周作品，乍看之下则有不同的印象。一般来说，
只能从现存作品推测实际情况，但如果文徵明所学的沈周"小幅"画作是如《九段锦图册》
之类作品的话，就可以建立起沈周与文徵明以《石湖清胜图》（1532年，上海博物馆藏）
为始的16世纪30年代的作品之间的密切关系[20]。并且，前面所说的包括文人画和宗室
画家流派的"古典"意识，在董其昌、王翚（1632—1717）等明末清初的正统派画家身上
也可以看到[21]，这一点对理解这些画家在绘画史上的流派定位也有所助益。

　　作者附记：调查作品时受到原京都国立博物馆西上实先生、京都国立博物馆吴孟
晋先生、大阪市立美术馆弓野隆之先生的诸多协助，并且受到故铃木敬老师等学者具
有启发性的指教，谨致谢忱。

（程博悦审校）

注释：

1　拙稿《明代前期画坛与雪舟》，浙江省博物馆编：《明代浙派绘画国际学术研讨会论文集》，浙江人民美术出版社，2012年。

2　石守谦：《画史知识的传播——夏文彦〈图绘宝鉴〉与雪舟的阅读》，《移动的桃花源——东亚世界中的山水画》，（台北）允晨文化实业股份有限公司，2012年。

3　石守谦：《人物的来往——雪舟入明及当时北京、苏州画坛之变化》，《移动的桃花源——东亚世界中的山水画》，（台北）允晨文化实业股份有限公司，2012年。

4　关于沈周所处的环境，参照以下文献：林树中《研究資料　新発見の沈周史料（上·下）—出土墓誌等から沈周の家柄·家学及びその他を论ず》，《国華》1114·1115号（1988年）。石守谦：《隐居生活中的绘画——十五世纪中期文人画在苏州的出现》，《从风格到画意——反思中国美术史》，（台北）石头出版股份有限公司，2010年。姜玮：《石田秋色——沈周家族的兴盛与衰落》，（台北）石头出版股份有限公司，2012年。

5　有关沈周传记的文献不胜枚举，除了注4所引外，列举以下文献：吉川幸次郎《沈石田》（《吉川幸次郎全集》15卷所收，筑摩书房，1969年）。《文人画粹编》第4卷《沈周·文徵明》（中央公论社，1979年）。郑秉珊：《中国画家丛书·沈石田》，上海人民美术出版社，1982年。中村茂夫：《沈周一人と芸術》（文华堂书店，1982年）。陈正宏：《沈周年谱》，复旦大学出版社，1993年。阮荣春：《沈周》，吉林美术出版社，1996年。吴敢：《中国名画全集·沈周》，河北教育出版社，2003年。

6　Richard Edwards, *The Field of Stones： A Study of the Art of Shen Chou(1427-1509)*, Freer Gallery of Art, 1962.James Cahill, *Parting at the Shore: Chinese Painting of the Early and Middle Ming Dynasty, 1368-1580*,New York Weatherhill, 1978.

7　韩雪岩：《吴门画派山水画之"仿"研究》，河北教育出版社，2010年。

8　《吴派画九十年展》，台北故宫博物院，1975年。《明沈周江山清远图卷》，《故宫书画图录》第18册，台北故宫博物院，1999年。

9　王耀庭：《沈周画　马夏情》，《苏州文博论丛》，2012年总第3辑。

10　户田祯佑《雪舟研究に関する二、三の問題》（《日本絵画史の研究》所收，吉川弘文馆，1989年）。拙稿《成化画坛と雪舟》（《明代絵画と雪舟》展图录所收，根津美术馆，2005年）。

11　雪舟本身也与宁波的文人圈有所接触，因此目睹在此之前的文人画的可能性很大。详参拙稿《15世紀寧波文人が見た東アジア絵画—金湜を例に》（《美術史論叢》27号所收，2011年）。

12 李铸晋：《沈周早期的发展》，故宫博物院编：《吴门画派研究》，紫禁城出版社，1993 年。

13 古原宏伸《中国南宗画史ノート 7》（《文人画粹編》第 4 卷《沈周·文徵明》附录，中央公论社，1978 年）。

14 泷精一《沈啓南九段錦画冊に就て》，《国華》495 号（1932 年）。泷精一《沈啓南九段錦画冊中三図解》，《国華》498 号（1932 年）。在这之后论及本件画册之主要研究文献如下：Richard Edwards, *The Field of Stones: A Study of the Art of Shen Chou(1427-1509)*, Freer Gallery of Art, 1962.《文人画粹編》第 4 卷《沈周·文徵明》（中央公论社，1978 年）。铃木敬《中国绘画史（下）》（吉川弘文馆，1995 年）。田洪、田琳：《沈周绘画作品编年图录（上）》，天津人民美术出版社，2012。近年来，本件画册归于日本京都国立博物馆收藏而公开，参照以下图录：西上实《九段錦畫冊　沈周筆》图版解说（《明代绘画と雪舟》展图录所收，根津美术馆，2005 年）。吴孟晋《九段錦畫冊　沈周筆》图版解说（《筆墨精神—中国書畫の世界》展图录所收，日本京都国立博物馆，2011 年）。

15 王耀庭：《古画里的桃花源与归去来辞》，《陈奇禄院士七秩荣庆论文集》，台北"中央"图书馆，1992 年。

16 关于《有竹庄赏月图卷》，参照以下文献：Ju-hsi Chou, "Enjoying the Mid-Autumn Moon at Bamboo Villa", *Journeys on Paper and Silk – the Roy and Marilyn Papp Collection of Chinese painting*, Phoenix Art Museum, 1998.

17 Kathlyn Liscomb, "Social Status and Art Collecting：The Collections of Shen Zhou and Wang Zhen", *Art Bulletin*, vol. LXXVIII no.1(1996). 姜玮：《石田秋色——沈周家族的兴盛与衰落》，（台北）石头出版股份有限公司，2012 年。

18 《历朝画幅集册》，《故宫书画图录》第 28 册，台北故宫博物院，2009 年。《烟云集绘册第三册》，《故宫书画图录》第 29 册，台北故宫博物院，2010 年。

19 恽寿平（1633—1690）仿惠崇而作的《花坞夕阳图》（1671 年，日本京都国立博物馆藏）实际上与惠崇小景不同，其山水画的造型语汇属于正统文人画。就这一点而言，《九段锦图册》可以看成是其仿惠崇意识的延伸。堂谷宪勇《恽南田筆花隝夕陽图卷について》，《日本美术工艺》第 138 号（1950 年）。《文人画粹編》第 7 卷《恽寿平·王翚》（中央公论社，1979 年）。

20 Craig Clunas, *Elegant Debt: The Social Art of Web Zhengming*, Hawaii University Press, 2003.（柯律格：《雅债：文徵明的社交性艺术》，生活·读书·新知

三联书店，2012 年。）都甲さやか《1530 年代の文徵明：作画における系譜意識》，《鹿島美術財団年報（別冊）》第 28 号（2011 年）。

21　古原宏伸《董其昌　歿後の声価》，《国華》第 1157 号（1992 年）。古原宏伸《古典主義の終焉ー仿ということ》（《橋本コレクション　十八世紀の中国絵画ー乾隆時代を中心に》展図录所收，涩谷区松涛美术馆，1994 年）。Wen C.Fong, "Wang Hui and Repossessing the Past",*Landscapes Clear and Radiant: The Art of Wang Hui(1632-1717)*, The Metropolitan Museum of Art, 2008.

吴门早期的别业图
——以沈周《东庄图册》为中心

__ 宫崎法子（みやざき　のりこ）

日本实践女子大学美学美术史系教授。东京大学文学部美术史系毕业。历任京都大学人文科学研究所助教（其间留学中国中央美术学院）、三重大学人文学部准教授（其间任美国哈佛大学燕京学社访问学者），1995 年至今任职于实践女子大学。从事中国美术史、宋代佛像研究，主攻花鸟画及宋、元、明、清实景山水画和文人画研究。发表论文《花鳥画の意味—魚図、蓮池水禽図、草虫図の寓意と受容について》，著有《世界美術大全集　東洋編 8　明》（小学馆，1999 年），编写翻译《花鳥·山水を読み解く - 中国絵画の意味》（角川叢書 24，2003 年）（第 25 回サントリー学芸賞受賞）/『同』ちくま学芸文庫版，2018 年，『中国絵画の内と外』（中央公论美术出版，2020 年）。

__ 文章出处

《呉派初期の別業図：沈周「東荘図」册を中心に》，《実践女子大学美學美術史學》第 30 号（《美学美術史学科創設 30 周年記念号》），2016 年，実践女子大学，第 19—35 页。

__ 译者简介

杨旸，日本实践女子大学美学美术史系硕士，现为中国国家博物馆副研究馆员。

前言

中国明清时期的知识分子，虽志在科举及第以实现政治抱负，但另一方面却又胸怀隐逸之憧憬。至少，怀抱有这样的想法，被视为文人知识分子应有的境界。宋代以后，飞速发展的山水画，也是基于隐逸理想的表达：文人在自己笔墨绘制的文人山水画中，描绘了山中隐居、幽闲的自己的身影。其开端，可以追溯到文人画鼻祖，唐代王维的《辋川图》卷（现存作品为后世的摹本或者石刻拓本）、同时期唐代卢鸿的《草堂十志图》卷、北宋李公麟的《龙眠山庄图》卷摹本等传世作品。

于是，在文人山水画极大发展的元代以后，成为文人画的主要画题。在元代的江南地区，很多知识分子的仕途之路被关闭，对于他们来说，隐居生活并非憧憬，而是无奈的现实。借垂钓者或者渔父寄托隐逸之思的渔隐图[1]，描绘自己或者友人隐居形象的"山居图""书斋图"，成为元代文人画的中心主题，可以说是必然的。

这种元代江南文人画，在历经元代末期的战乱和明朝初年的严苛政策后，最终在明代中期经济繁荣的苏州地区被继承下来。16世纪的苏州画坛，盛行以简短的手卷形式描绘在幽闲的草堂中招待客人的"别号图"。这亦成为明代苏州画坛特有的绘画题材，与吴门文人画的盛衰一同消长²。

别号，是文人用的别称，很多都是以本人的书斋、别庄（当时又称之为别业、别墅），或者所建的庵、草堂命名。别庄，是引退的官僚、地主或者富裕的商人等用来表现文人境界、高雅趣味的场所，以此描绘出来的别号图，更能反映此人的为人秉性，承担着像肖像画一般表现人格与精神的作用。

然而，明代苏州的隐居场所，并非随意的山中草堂，而是在以苏州为首的江南都市城内或近郊，被美化整修过的别庄（别业、别墅）或者园林。园林，是明代苏州文化的精华，大量的文人或者富裕阶层在此倾注了热情与财富。今天的苏州依然留存着数量众多的庭园，历经多次改修兴废，虽然已失去当初的风貌，但依旧可以称之为明代苏州曾经被倾注的繁荣与富庶、当时人们的狂热与梦想的见证。

明代中期苏州流行的一般的"别号图"，并非具体描绘宏大的别业或者园林景观，而是描绘了简朴的草堂中命童仆备茶迎客，鉴赏古铜器、书画等别业主人高雅的样子。随之，园林隐没于草堂周边的奇石或者竹林、梅林之中。别号图的流行与传播后，其中也有一些与书斋别业无关，如唐寅《桐山图》卷（故宫博物院藏），仅描绘了山崖和在此生长的桐树，以示所谓"桐山"之号的绘画主题等。不过，16世纪苏州别号图的典型代表仍是描绘别业草堂中的闲居生活。

在这样的别号图卷盛行之前，15世纪中期的苏州，就已经有更加具体展现广阔的别庄情景并附以景观题名的册页形式，如"别墅图""别业图"等。

其中的代表作品，在此列举沈周《东庄图册》21幅（南京博物院藏），以及沈周的绘画老师杜琼创作的《南村别墅图册》10幅（上海博物馆藏）。它们都是画家为亲友描绘他们拥有且熟知的别业景色。此后，文徵明也有同样册页形式的《拙政园图册》（美国大都会艺术博物馆藏），这是受引退官员王献臣之托所绘的作品，缺少杜琼及沈周画册中所呈现的真实性，与文徵明其他赠送亲友的画作在画风上有一定差距。关于作品的真伪暂且不论，可以感觉到画风的差别，也源自画家的创作动机不同、别业主人与画家关系不同等等[3]。

另一方面，杜琼与沈周的作品，作为吴门早期册页形式的别业图比较重要，均是为与自己非常亲近的人自愿创作，可以作为画家的代表作。特别是《东庄图册》，可谓沈周画风发展中转折期的作品。

本论文旨在展示杜琼《南村别墅图册》与沈周《东庄图册》的概况和创作背景，并对《东庄图册》的创作时期进行考察。在此基础之上，今后将另外撰文以《东庄图册》为中心论述沈周早期到中期的画风发展，以及其在吴门别业图中的位置。

一、杜琼《南村别墅图册》

《南村别墅图册》描绘了元末明初文人陶宗仪在松江近郊营建的别墅"南村"中的十景。杜琼少年时期师从陶宗仪。根据杜琼的自题跋文，在陶宗仪突然离世的数年之后，他偶然发现了陶宗仪咏南村十景之诗，睹物思情，依此诗句把记忆中的景致绘制成十幅画作。一日，亦是友人的陶宗仪之子陶纪南拜访，杜琼便把画取出向他展示，并一起回忆往事。应纪南请求，在画尾处书以陶宗仪的题咏十诗并作自跋记之赠送。其时乃正统八年（1443），杜琼47岁[4]。

作品运用平稳的笔法，以不同的构图和视角捕捉每一个场景。如《朱青轩》（图9.1）、《閤杨楼》（图9.2）、《渔隐》是从远处广角眺望描绘的，而《竹主居》（图9.3）、《蓼华庵》则是以庵为中心描绘周边的景物等，变化丰富。后者的图式，与二十多年之后画的《友松图》卷（故宫博物院藏）的构图相近，与之后格式化的别号图卷的图式亦相通[5]。

这种描绘以草堂为中心的隐居场所的手卷图式，在元代文人画中已然可见，可以说杜琼的绘画正是基于此。同样，作为册页形式的别号图之先例，可举明初徐贲为其师林如海绘制的《狮子林图册》（全12景，台北故宫博物院藏）。徐贲乃苏州人，狮子林位于元代苏州东城开放的禅寺庭院，因奇石而闻名，现在也是声望很高的名园。同乡杜琼见过徐贲的作品，受其影响的可能性是有的。《南村别墅图册》有元代文人画中常见的

图9.1　杜琼　《南村别墅图册》之"朱青轩"　明　纸本
设色　纵33.8厘米, 横51厘米　上海博物馆藏

图9.2　杜琼　《南村别墅图册》之"闬杨楼"

图9.3　杜琼　《南村别墅图册》之"竹主居"

篆书题记, 图式与《狮子林图册》亦有共通之处。此《狮子林图册》, 作为吴门画派的园林图形成的重要作品, 今后有必要再进一步探讨。不过, 杜琼的作品中, 还是与元人风格的书斋图, 如王蒙的《惠麓小隐图》卷、徐贲的《狮子林图册》, 有着不同的新手法。也就是相对于景物的近距离视点描绘而言,《友松图》卷及《南村别墅图册》的视角更远, 留白更多, 景物更有条理。此外, 设色淡雅, 给人以明丽柔和、平和宁静的印象。这便是与之后吴派山水画风的共通特征。杜琼的绘画, 作为吴中画派先例而引人注目。

　　根据《南村别墅图册》的自跋, 很难确定画作的创作时期。目前传世的其他杜琼绘画, 大部分为其50岁之后的作品, 相比之下, 47岁以前的这件作品未见逊色。通常二三十岁时的文人画作品少有传世, 亦未闻杜琼早年画技高超之事。况且, 甚至对杜琼晚年的画功评价也不高[6]。创作年代的确定,虽有必要从杜琼的绘画整体来做进一步探讨，但这不是本文的论点。在此，我想暂且提出这样的推论，即作品距离他47岁写自跋的时间并不远。

目前，这本册页中有杜琼之友、与沈周亦友善的苏州文人周鼎的篆文题书。另外，有吴宽成化辛丑（1481）的跋文，据此可知，陶纪南曾持此作到吴宽处请其题跋（吴宽文集中未录此事）。其时，吴宽正在北京，陶纪南或许也已赴京，具体情况目前不详。另有董其昌跋文："沈恒吉（沈周父）学画于杜东原（杜琼号东原），石田先生（沈周号石田）之画传于恒吉，东原已接陶南村（陶宗仪号南村），此吴门画派之岷源也。"[7] 提及这件作品在吴门画派谱系上的重要性。

无论何种情况，从现存的题跋来看，这件作品在1443年由杜琼赠予陶纪南，至少到吴宽的书写跋文为止（1481），一直为陶纪南所有，是没有问题的。陶纪南是杜琼友人，杜琼、题书的周鼎、写跋的吴宽，均与沈周有直接的交流。敬仰绘画老师杜琼的沈周，极有可能亲眼见过此作。如后所述，《东庄图册》受此作品的影响可见一斑。

值得一提的是，描绘陶宗仪南村的不仅有杜琼。陶宗仪有生之年，他的中表兄弟王蒙也绘制过《南村真逸图》《南村草堂图》（均已失传，经《汪氏珊瑚网》《清河书画舫》《书画题跋记》等著录）。而王蒙与沈周的祖父沈澄亦友善。此作正是这样，从元代延续而来的江南文人的绘画交流中产生，并被赏玩。

陶宗仪的南村，《松江府志》中仅记载"南村草堂在泗泾北，陶宗仪耕读所"，没有具体记述[8]。杜琼《南村别墅图册》远超这些文字资料，展示了其规模与景观。南村别墅的规模，虽名曰草堂，但至少有四处房屋与一座亭子，可见是具有相当规模的别业。唐代王维的辋川山庄，从现存的石刻或者摹本来看，也是令人惊叹的大规模别业。中国文人所谓的草堂，拥有超出今天我们想象的工程。

每幅画都是基于不同的构想，画册的形式在这件极具变化的作品中得到了充分的利用。像这样以册页形式，把园林、别业之类的实景以一景一幅来描画的方式，在徐贲的《狮子林图册》中已然可见。另外，在此之前便有南宋的宫廷画家或民间画家绘制的"潇湘八景"或"西湖十景"等程式化的"八景图"或"十景图"。作为文人的实景图，徐贲、杜琼在画中描写身边熟知的园林或者别业，可谓创新。此外，杜琼《南村别墅图册》中，最后一幅以雪景图作为终结，值得关注。这是为了迎合陶宗仪的十景诗。"潇湘八景"或者"西湖十景"，以及《狮子林图册》中尽管也含有雪景，但未必被置于最后。而此后的山水册页最后一幅便多使用雪景图，杜琼《南村别墅图册》作为承接之作也是值得关注的[9]。

另外，这样的册页形式，不仅适于别业图，也适于画家创作到访名迹的实景图，或者记录长途旅行中各个场景的纪游图等。作为纪游图的先例，虽然已有明初王履的《华山图册》（上海博物馆藏），但它记录的是远方奇观，而杜琼《南村别墅图册》描绘的则是身边景物，从这一点来看，可以视为后来吴门画派形式的实景图或纪游图的开创之作。再者，册页形式非常便于每幅中以一家之法描绘仿古图，尤其是学画时期的系列作品。接下来论述的沈周，在早期学画的作品中，也有很多仿古山水册页。

二、《东庄图册》

1. 现状

杜琼作《南村别墅图册》数十年后，沈周也以册页的形式创作了别业图《东庄图册》。这便是描绘友人吴宽之父吴融，在苏州东城葑门内旧宅原地营建的别业的作品（图9.4）。

《东庄图册》单页为纵23.8厘米、横66厘米的一纸，对开左半部为图，右半部为篆书大字题写的此景观名称。从中央的折线，可以辨识出几处左侧绘画的色彩渗到右侧。这是最初便计划在一张纸的左右配以绘画和书法的大作。从第一幅《东城》中的"贞伯"白文印，最后一幅《知乐亭》中的"李甡私印"白文方印、"应祯"朱文印，可知标题作者为同时代的苏州文人李应祯。现存作品没有留下沈周的落款或印章。

该册页有清代王文治书写的"石田先生东庄图"引首，有董其昌于丁巳年（1617）和辛酉年（1621）书写的二开题跋作为后跋，以及清人诸跋接续。

图9.4 沈周 《东庄图册》之"东城" 明 纸本设色 纵28.6厘米，横33厘米 南京博物院藏

　　董其昌的第一段跋文记述了沈周为吴宽所作之画与李应祯的篆书合为双璧。他从王百谷（传不详）处听说，此为湖州长兴的姚一元（1509—1578）[10]所藏，托人想要观览却未获见，今归为京口（镇江）的张修羽，才得以观览。第二段跋文中记载了此为文嘉的旧藏，离开姚一元之手后最终由张修羽入手时，原来的24幅已成为21幅，沈周的长跋也已丢失，并赞此作云"嘉时胜日神游其间，何羡坐镇百城哉"[11]。此跋文，无疑成为既无落款也无钤印的这件作品乃沈周画作的担保。第一次书跋的1617年的前一年，董其昌的房屋被烧，也就是发生了"民抄董宦事件"，数月间不能回故乡的董其昌，辗转到了友人处。此跋文正是写于那个时期。

　　2.《东庄图册》的传承

　　根据董跋，可知此为文徵明次子文嘉（1501—1583）旧藏，之后从湖州姚一元归为京口（今江苏镇江）张修羽所藏。由册页上残存的鉴藏印（"张则之"朱文方印等）可知，其后归于同为镇江的收藏家张思孝（字则之，张修羽一族）所有，后经清代吴荣光（1773—1843，1799年进士）之手（"吴氏伯荣"朱文印等）。《虚斋名画录》著录此作在清末为庞元济（1864—1947）所藏。

关于此作, 明代没有著录, 《(隆庆) 长洲县志》的"东庄"条例云"凡二十二景", 小字注文中记有"李学士东阳记、沈山人周图"。吴宽亲自参与编纂的成书于正德元年 (1506) 的《姑苏志》"东庄"条目中, 仅例举"十景"与增筑的二亭名称, 小字注文中收录了李东阳《东庄记》及沈周等人的诗文, 并未论及沈周的绘画。之后《(隆庆) 长洲县志》的这一记述, 从所谓22景的景色数量来看, 强烈暗示了它与现存《东庄图册》的关联。如果是这样的话, 那么董其昌跋文所云原本有的24幅, 是由2幅沈周的长文跋和22幅画幅构成的, 丢失的画幅有可能仅为1幅。

3.吴融东庄的相关人物——来自《(正德) 姑苏志》

东庄, 是吴宽的父亲融 (字孟融) 在吴家旧宅原址之上营造的别业, 地处苏州城东南, 今苏州大学附近, 是丝织物生产的中心地区。吴宽的父亲也以经营丝织品致富[12], 后移居到了属于商业中心的苏州城内西部, 晚年时把老宅作为别业修整[13], 自号"东庄翁"。

《(正德) 姑苏志》, 弘治年间由吴宽经手修编, 其遗稿后由王鏊继续修撰刊行, 其卷三二"园池"[14]的最后记载了"东庄": "东庄, 吴文定公 (吴宽) 父孟融所治也。中有十景。孟融孙奕 (吴宽弟吴宜之子) 又增建看云、临渚二亭。"[15]然后以小字注文的形式摘录了李东阳《东庄记》和沈周诗。写记的李东阳, 湖南茶陵人, 天顺八年 (1464) 18岁进士及第, 是吴宽官场的友人。《(正德) 姑苏志》收录的《东庄记》纪年虽为"成化己未七月", 但成化年间并没有己未[16], 从内容来看应是"成化乙未" (1475) 的误记。

吴宽于成化壬辰 (1472) 年状元及第。其父吴融因此亦被赐予官位。以《东庄记》庆祝此事的李东阳, 应是受吴宽之托而记述的。当时李东阳还很年轻, 已进入了官场。观其履历, 应该是没有拜访过东庄[17], 而是根据吴宽提供的信息, 完成了《东庄记》前半部分的东庄景色的描写。文中记述诸贤"多为东庄之诗, 诗成而庄之名益著", 并称赞吴融的品德, 祝贺其封官。

继而是夸赞东庄丰盛物产的刘大夏诗, 还有叙述东庄地处城内却是别有洞天的隐逸之所, 并记述吴融的封官诏书于前一天下传的李士实诗。刘大夏和李士实均为京城的高官，与李东阳关系密切[18]。他们的诗文均为在京书写，并非实际亲赴东庄之作。这些诗文，显示了吴宽状元及第之后在京城上流社会的人际交往，也是其父东庄主人吴融的荣耀证明。接下来的沈周诗，称赞了吴融以东庄的实力救助饥饿的近邻，并祝贺其子吴宽成为高官，吴融受赐恩封，即将拥有穿上朝服的身份。此诗题为《东庄为吴匏庵尊翁赋》，见于《石田先生集》，为成化十年（1474）到东庄拜访吴融时赠予的诗[19]。

4. 吴宽服丧与归乡

不过，成化十一年（1475），李东阳《东庄记》写成一个月后的农历八月，吴融过世。吴宽回乡，服丧三年。其间，翌年农历八月，吴宽之兄吴宗也过世了[20]。

沈周在这一年的秋天再次到访东庄，赠予了写给吴融的挽诗[21]。第二年（1477）沈周的父亲沈恒吉也过世了，再往后一年（1478）的农历一月三日，沈周在苏州西郊的天平山北埋葬了父亲。吴宽和李应祯等友人为沈周送行至途中的大石山[22]。农历一月二十六日，吴宽在自己家中（并非东庄而是苏州西边城内的邸宅）招待沈周，沈周绘制了《雨夜止宿图》（已佚）[23]。农历二月的时候，吴宽到相城的沈周宅邸拜访，游历虞山，并给沈周家所藏的古铜器、书画之类鉴赏、题诗[24]。农历三月十日，吴宽服丧完毕之后返回北京[25]。因此，在吴宽丁忧期间，沈周与吴宽间的交流非常密切，有时也包括李应祯在内[26]。之后，吴宽任官于中央，再次归省苏州是因为从1494年开始，要给继母王氏服丧三年[27]。

5. 东庄的继承者

吴融亡故后，继续运营管理东庄的是吴宽的弟弟吴宣（号拙修）。吴宣于1485年也过世了，其子吴奕（吴宽侄子）代替父亲继续管理东庄。从《（正德）姑苏志》所引用的吴宽诗可知，侄子吴奕为了吴宽之后的隐退生活增筑了二亭，有诗与此对应，《家藏集》有题记："奕侄构二亭于东庄，一在振衣冈，名看云；一在曲池旁，名临渚。以书来报，待余归休，与诸老同游。喜而寄此。"《（正德）姑苏志》最后的诗是沈周步韵吴宽此诗而作的。当时吴宽在京城，这首诗并非会面后所作，而是沈周见到送至吴奕处的吴宽诗之后附和而作。此处也可以看出沈周与吴家人的亲密交往。

关于吴宽过世之后的东庄，文徵明几年后到访时留下了两篇诗作。此时东庄仍归吴家所有，应该是吴奕在管理，不过吴融、吴宽在时的荣光早已一去不返，给人以孤寂之感。最终在明末王世贞（1526—1590）的时代，吴家人纷纷离去，故园荒废，这里已经改建成为他人的园林[28]。

三、《东庄图册》的创作时期

1. 关于创作时期

以上是有关东庄的记事。基于此，来探讨沈周《东庄图册》的创作时期。

从《清河书画舫》等文献记载可知，除了现存本，沈周还有其他《东庄图册》[29]。那也是文嘉的旧藏，每幅临仿一名家的13景册[30]，明末为王世贞所藏。从沈周的自题可知，这是赠予吴宽之父吴融的作品。吴融在晚年完成了东庄的修整。然而吴融被封官之后不久便过世了。因此，这13景册页应该可以看作是吴融受恩封，沈周赠予祝诗（1474年，沈周48岁）之前绘制的作品。每幅仿一名家的形式[31]，常见于沈周早期的作品。

那么，现存的《东庄图册》是什么时候绘制的呢？这件作品在沈周所有存世画作中也可谓超群之作，是公认的沈周绘画的代表杰作，具有其他作品没有的个性和特征。沈周绘画早期多是细笔小品，到40岁后开始作大幅画，画法大胆。从30多岁到40多岁，一直到50多岁，他毫不松懈地学习古画，在这个过程中，画风和画幅的变化尤为显著。另外，因伪作和赝品较多，作品的评价也有不同，故这一时期的作品定位，靠追溯其风格发展是有困难的。在这种情况下，确定这件优秀作品创作年代的工作可以说是有意义的。

作品正如董其昌赞为"双绝"的那样，这是一件20幅以上的大作，每幅画纸右侧有李应祯用篆书题记景色名称。这不可能是随意的赠品，而应该是作为友人的沈周与李应祯一起准备，在特殊场合赠送的礼物。如后所述，李应祯亦有官职，他在故乡苏州的时间是有限的。

2.《东庄图册》中的两幅"肖像"

在此，解开这件作品创作年代的关键，是《续古堂》一页中正面悬挂的一位身着官服人物的肖像画（图9.5）。这一大幅半身像中的人物面容温和，个性鲜明，在整本画册中，此图也是最令人印象深刻的。身穿红色官袍的人物，应该就是东庄的主人吴融，他在过世前不久被赐予官位。据悉，吴宽的其他祖先都没有当过官。成化十三年（1477）十二月，吴宽在东庄的续古堂中供奉父亲吴融的肖像画并奉以祝文[32]。

另外，《东庄图册》中还有一幅图描绘了一位极具个性的人物。这便是《拙修庵》中的人物（图9.6），他面容独特，蓄有长须，体型庞大，个性鲜明，存在感强，与《耕息轩》（图9.7）或《知乐亭》（图9.8）中只有简略眼鼻的一般点景人物完全不同。"拙修"是吴融殁后，继承东庄经营的吴宽弟吴宣之号。吴宣在东庄的"西庵"里悬挂"拙修"的匾额，将其作为自己的号[33]。因此，在这里所描绘的人物，拙修其人，很有可能就是吴宣。如果是这样的话，画册中悬挂于续古堂的"东庄翁"吴融的身姿，与实际继承其别业的吴宣（拙修）的身姿，就真的嵌入了这一画册。就像后来的"别号图"通过描绘别庄来象征别庄主人的形象一样，这可以看作是更为直接的表现。

不过，即便拙修庵中的人物是其实际主人吴宽的身姿，但终究还是有着同样的构图。在弟弟的拙修庵中描绘吴宽的身姿，以表明弟宣（号拙修）代吴宽经营，也说得通。

目前很难确定这个肖像描绘的到底是谁，但从给人以非常强烈印象的人物绘制来看，沈周是想抓住友人的独特容貌进行描绘。对于文人画家来说，这样的人物表现很少见，沈周对此作品注入的强烈情感以及对吴宽一家的温情，造就了独特的描绘。

然而，吴宣继承东庄后不久，便在1485年早逝了。于是，东庄由年轻的吴宣之子吴奕继续经营。吴奕的工作做得很好，甚至还建了两座亭子，为吴宽退休之后的生活做准备[34]。如前所述，当时吴宽的诗与沈周的步韵诗收录于《（正德）姑苏志》的"东庄"之末。诗中表述了东庄和吴家所面临的危机被年轻的吴奕克服，并取得进一步发展，诗人对此感到安心与喜悦。

以上是这件作品的创作背景。由此可以确认，制作时期的上限是在续古堂供奉吴

图9.5　沈周　《东庄图册》之"续古堂"

图9.6　沈周　《东庄图册》之"拙修庵"

融肖像的1477年。

　　3. 篆书对题的作者——李应祯

　　另外，从书写篆文对题的李应祯行迹来看，这件作品的创作时期可以进一步被限定。李应祯，景泰四年（1453）南京乡试举人，授中书舍人。成化十四年（1478）成为南

图 9.7　沈周　《东庄图册》之"耕息轩"

图 9.8　沈周　《东庄图册》之"知乐亭"

京兵部式选司员外郎，不久为了给继母服丧而回到苏州[35]，成化十八年（1482）春，丁忧期满后回京做官，沈周咏有送别诗[36]。李应祯在服丧期间，与吴宽、沈周一起出游虎丘等地，交往密切（顺便一提，文徵明父亲文林约同时回苏州服丧，直到1481年，沈周在文林归京之际，赠予《京江送别图》卷[37]）。

　　鉴于《东庄图》册中画幅的数量较多，且画作和对题都在同一幅大纸的左右，故画家与书家远隔两地分别创作的可能性不大，自然可以推测是李应祯滞留苏州时完成的。换言之，这幅作品应该是在供奉吴融肖像（1477 年末）以后，至李应祯离开苏州（1482 年春）的数年间创作的。另外，倘若是吴宽滞留苏州时受赠，那么从供奉吴融肖像（1477 年农历十二月）以后，到吴宽归京（1479 年农历三月），应该是一年多的时间。如上所述，此作品即便有祝贺吴宣继续经营东庄的意味，但若抛开吴宽，沈周和李应祯赠送大作之事，也是不太可能的。对于吴宽来说，把东庄的经营托付给弟弟，在回京之际应该是最放心的。

　　以上便是沈周《东庄图册》的创作背景。一直以来，虽然这件作品被认为是沈周中年时期的作品，但在这样追溯其创作背景的过程中，笔者认为其创作时期的范围是更加有限的。它摆脱了沈周早期使用的细密笔法，明显表现出与之后作品共通的有力粗放的笔法，在沈周的绘画生涯中也是划时代的作品。景物简洁而收敛，构图及视点亦大胆而富于变化，是基于早期仿古作品之上的飞跃，"沈周风格"由此被明确确立。此外，他还尝试了具体描绘别业主人的面貌，这在后世的别号图或者一般文人画中是见不到的。沈周在此强烈地表达了倾注在作品中的思绪，这便是此件别号图与一般别号图的不同，故独具魅力。

　　基于创作年代范围的缩小，这件作品在沈周绘画中的具体定位、与杜琼绘画的关系、与古画的关系等方面的诸多问题，我想另撰文稿来做研究。

（程博悦审校）

注释:

1 关于中国山水画中渔隐的寓意,拙作《花鸟山水を読み解く—中国絵画の意味》(角川学芸草書,2003 年)有详细的论述。另外,本论文涉及的关于明代别号图、别业图及园林的基本考量,同书中均有展现。

2 刘九庵:《吴门画家之别号图及鉴别举例》,《刘九庵书画鉴定文集》,文物出版社,2007 年(原载《故宫博物院院刊》1990 年第 3 期)。文中指出明代吴派绘画中别号图的重要性,并举例进行综合考察,其中论述了手卷形式的别号图,未论及《南村别墅图册》及《东庄图册》。另外,柯律格有从社会经济史角度论述明代吴派文人活动的系列著作。其中,与本文主题密切相关的是:Craig Clunas, *Fruitful Sites, Garden Culture in Ming Dynasty China*, Durham: Duke University Press,1996, 由中岛健二、中野美代子翻译(《明代中国の庭園文化:みのりの場所 / 場所のみのり》,青土社,2008 年)。文中指出,《南村别墅图册》《东庄图册》中,这些早期庄园的生产力,是文人生活的经济基础。

3 文徵明《拙政园图册》,是受在 1510 年退休后回苏州筑造拙政园的王献臣(弘治六年进士)所托,与《拙政园记》一起创作的作品。据说拙政园本身的设计也与文徵明有一定关系。作为文徵明的作品,此作画功较弱,它在文徵明绘画中的定位,有必要进一步探讨。此作中所附内藤湖南的跋文中,也指出了画功弱之事。

4 《南村别墅图》跋,杜琼书陶宗仪《南村别墅十景咏》,①《竹主居》:“秋窗能种竹,习习转凉阴。始信身如寄,虽移丘壑心。”②《蕉园》:“晓来分绿影,秋雨觉凉生。寂坐机堪息,时闻砧杵声。”③《朱青轩》:“台殿临虚壑,平林翠不分。冥机触幽趣,不复在人群。”④《阆杨楼》:“危楼如倚柳,羽盖托春临。不藉沉酣理,宁传玄赏心。”⑤《拂镜亭》:“池日翻宜晚,春游不厌频。傍湖峰影入,抱席水如茵。”⑥《罗姑洞》:“玉晨启玄扉,灵篇嗳飞仙。炼景返洞宫,保真忆万年。”⑦《蓼花庵》:“夹岸花丛发,似多含暮情。舟行秋水映,微带夕阳清。”⑧《鹤台》:“密叶荫方坛,珍寄深谷华。源远莫穷时,有林幽人宿。”⑨《渔隐》:“蟹蛤烟中市,渔蓑早结缘。鲸鱼如可遂,遮莫上青天。”⑩《螺室》:“雪恋树高处,遥看玉万重。小斋聊自憩,窗外映前峰。”(释文中的数字为作者方便叙述所加。⑩中的“螺室”在画上的篆书题名为“赢室”。)杜琼自跋曰:“予少游南村先生之门,清风雅致,领略最深,与其子纪南甚相友善。不意先生弃世,忽焉数载,偶从笥中得《南村别墅十景咏》,吟诵之余,不胜慨慕。聊图小景,以识不忘。图成,即置之故瓿中。一日纪南偶访,检出相示,欣然谓先君可从此不朽,传之后世,犹令人知胸中丘壑,强欲持去。遂命录先生诗于后,并题数语而归之。正统癸亥(1443)春三月既望,京兆杜琼识。”

5　《友松图》卷是现存明代中期盛行的程式化别号图的最早示例。参照前注刘九庵一文。

6　据沈周、杜琼、刘珏分别独幅绘制的《报德英华图》卷（故宫博物院藏）中杜琼的跋文 [书于成化己丑（1469）杜琼 74 岁时]，沈周的伯父贞吉见到杜琼的画后云"东原之笔固妙品矣"，然尚欠"皴皷与夫峦峰之巧"（由恰当的皴法表现山石），为此"吾当为君足之"，作补笔。由此可见他们之间的关系极为亲近，杜琼晚年的画风也并非是那么成熟的。

7　岷乃四川岷江，长江的源流之一。

8　《（正德）松江府志》，卷 16，《天一阁藏明代方志选刊 续编》第 6 册，上海书店出版社，1990 年。

9　北宋沈括《梦溪笔谈》所载"潇湘八景"，"江天暮雪"不在最后。另外，西湖十景现存最早的纪事，南宋祝穆《方舆胜览》中，雪景《断桥残雪》亦未在末尾配置。虽然放入一幅雪景被认为是约定俗成的，但在早期相关文献中，宋代普及的以八景、十景等数字命名的绘画，并未有意按季节顺序把雪景放置最后。徐贲《狮子林图册》中的雪景也不是最后一幅。另一方面，陶宗仪的南村十景诗，虽然其他的景色不一定按照季节顺序，但最为雪景。最后置以雪景的早期例子，可以想到的有元代吴镇《墨竹图谱》（台北故宫博物院藏），最后即配以雪竹，这应是吴镇有意识的选择。

10　姚一元（1509—1578），字维贞，号画溪居士，湖州长兴（今浙江吴兴）人。嘉靖二十三年（1554）进士，官至顺天府尹。1571 年致仕归田。以性格刚直著称。（传记见《万姓统谱》等）。

11　董其昌跋一："白石翁为吴文定公写《东庄图》二十余幅，李少卿篆，称为双绝。余从王百谷闻之，向藏长兴姚氏，数令人与和会，不获见。今归修羽收藏，遂得披阅，以快生平积想。观出入宋元，如意自在，位置既奇绝，笔法复纵宕。虽李龙眠《山庄图》、鸿乙《草堂图》，不多让也。修羽博雅好古，已收鸿乙《草堂十图》，今又得此以副之。嘉时胜日神游其间，何羡坐镇百城哉。赏玩不足，聊题数语，以弁其首。董其昌书。丁巳三月十有九日识。"跋二："白石翁为吴文定公写《东庄图》，原有二十四幅。文休承所藏，因官长兴失之，后为修羽千方踪迹，得二十一幅，余已化去，即沈翁长跋亦不可见矣。辛酉八月京口重观，记此以俟访之。董其昌。"庞元济：《虚斋名画录》，卷11，卢辅圣主编：《中国书画全书》第 12 册，上海书画出版社，2000 年。另外参照中国古代书画鉴定组编：《中国古代书画图目》7，文物出版社，1989 年，第 28 页。

12　据吴宽其父墓志《先考封儒林翰林院修撰府君墓志》，《匏翁家藏集》，卷 61（《文

渊阁四库全书》电子版，适当参照了《四部丛刊》本。以下简称《家藏集》）。另外，关于吴宽之父及家谱，参照坂元晶《明代中期蘇州商人のネットワークの一考察：吴寬の家系の復元を中心に》（《待兼山論叢 史学篇》30 所收，大阪大学文学部，1996 年，第 55—82 页）。

13　李东阳《东庄记》中，涉及有关苏州城内西部的移居（也就是现在的怡园，吴家的宅邸原址），见《（正德）姑苏志》，卷 32，《天一阁藏明代方志选刊 续编》第 13 册；或《怀麓堂集》，卷 30。另外，上注《先考封儒林翰林院修撰府君墓志》（《家藏集》，卷 61）中，记录了修整旧宅东庄是吴融晚年之事（以下涉及的明人文集，包括《怀麓堂集》，除沈周外，无特别说明均以文渊阁四库全书电子版为依据）。

14　所谓园池的这项，《（正德）松江府志》等苏州以外的地方志中没有看到，仅有表示草堂、园亭等建筑物的条目，"园池"即为庭园并不成立。这可以说是苏州园林盛行的表现。

15　《（正德）姑苏志》，卷 32。

16　李东阳文集《怀麓堂集》所载《东庄记》无纪年。

17　李东阳，湖南茶陵人。他比吴宽更早进入官场，且更年轻。虽然李东阳在吴宽状元及第以前听闻过吴宽的诗名，但在壬辰（1472）春，李东阳服丧归省之际，二人还未谋面。"吴文定原博未第时，已有能诗名。壬辰春，予省墓湖南时，未之识也……"见钱振民：《李东阳年谱》，复旦大学出版社，1995 年，第 47 页，以及《怀麓堂诗话》。李东阳服丧途中经过吴县，其归省之际在各地的咏诗全部收入《南行稿》并录入《怀麓堂集》，但是未见有显示他在苏州拜访东庄的诗文，见钱振民：《李东阳年谱》，第 48 页，以及《怀麓堂集》，卷 91。综上推断李东阳未到访过东庄。

18　刘节，字大夏。李东阳服丧归省之际，把送行的友人中"京中友人刘大夏……"列在首位，文集中也有很多关于密切交往的记载。李士实于《国朝献征录》中有传，见钱振民：《李东阳年谱》，第 48 页等。

19　陈正宏：《沈周年谱》，复旦大学出版社，1993 年，第 134 页。关于沈周这一时期的活动，在此书基础上，还参考了王卫平主编《沈周集》（上海古籍出版社，2013 年）等文献。

20　关于吴宽这一时期活动的考察是基于吴宽《家藏集》所收诗文。关于父亲吴融过世参见前注《先考封儒林翰林院修撰府君墓志》，关于其兄参见同卷《亡兄处士墓志》。

21　参见陈正宏：《沈周年谱》，第 134 页。

22　陈正宏：《沈周年谱》，第 135 页。又吴宽《家藏集》卷 70《隆池阡表》。

23　田洪、田琳编：《沈周绘画作品编年图录》上，天津人民美术出版社，2012年，第75页。依据是《寓意录》《大观录》著录的《雨夜止宴图》跋文，可知其时吴宽弟吴宣亦同席。

24　陈正宏：《沈周年谱》，第140页。依据是《故宫历代法书选集》第10册《林逋手札二帖》吴宽跋文。另外，《家藏集》卷5《过沈启南有竹别业》（是日阅李成画，又观商乙父尊下有铭）、《与启南游虞山三首》诗中也有记载，应该是这时候的作品，但没有纪年。

25　陈正宏：《沈周年谱》，第149页。依据是《式古堂书画汇考》中著录沈周《送吴文定公行图并题卷》等，还有吴宽《家藏集》中《乙亥上京录》等。

26　依据成化十五年（1479）仲春到访苏州的程敏政与沈周、李应祯、吴宽游览虎丘之际的诗文，见陈正宏：《沈周年谱》，第147页。另外，吴宽回京后当年五月，李应祯与颜昌一起拜访沈周的宅邸，见陈正宏：《沈周年谱》，第151页。

27　关于吴宽为官之后回乡期间的情况，参照前注提到的坂元论文第56页。

28　文徵明《过吴文定公东庄》诗云："相君不见岁频更，落日平泉自怆情。径草都迷新辙迹，园翁能识老门生。空余列榭依流水，独上寒原眺古城。匝地绿阴三十亩，游人归去乱禽鸣。"见《甫田集》，卷5。另外，《游吴氏东庄题赠嗣业》中云："渺然城郭见江乡，十里清荫护草堂。知乐漫追池上迹，振衣还上竹边冈（中有知乐亭、振衣冈）。东郊春色初啼鸟，前辈风流几夕阳。有约明朝泛新水，菱濠堪著野人航。"见《文氏五家集》，卷6。

29　张丑《清河书画舫》卷12上著录。另外，王世贞《弇州四部稿》卷138提及。

30　13景作为画册的幅数不正常，应该是丢失了数幅。

31　前揭《清河书画舫》与《弇州四部稿》中载"十三幅，各幅作一体"。

32　吴宽所作的吴融肖像供奉祝文《东庄奉安先考画象祝文》中有："维成化十三年岁次丁酉（1477）十二月某日，孤子宽，谨以牲醴之仪，敢昭告于显考修撰府君：东城之下，先世所基。嗟嗟府君，实生于斯。迨长西徙，门户独持。每念旧业，东望兴悲。乃修乃复……"见《家藏集》，卷56。

33　《姑苏志》所引（《家藏集》也有记载）吴宽诗云"尔（吴奕）父西庵扁拙修……"。另外，《家藏集》所载《书拙修庵记后》记录了"右拙修庵记一篇，故中书舍人王君允达为亡弟原晖作者"，其中，记有"庵在东庄续古堂后西偏，拙修云者，盖取东坡先生和陶诗'下士晚闻道，聊以拙自修'之语也"。

34　关于之后的东庄，参考前注。

35 文林《南京太仆寺少卿李公墓志铭》。译者按："戊戌（成化十四年）升南京兵部武选司员外郎，未任而丁继母陈氏忧；服阕。改本部军驾司。"陈正宏：《沈周年谱》，第 174 页。此处引文在《沈周年谱》中所参照的《文温州集》卷 12 中未见，故从《吴郡文粹续集》卷 42 所收的同墓志铭引用了该部分。

36 陈正宏：《沈周年谱》，第 174 页。沈周的送别诗《送李贞伯服阕还朝》，见王卫平主编：《沈周集》，第 521 页。

37 编者按：《京江送别图》（故宫博物院藏）是送别文徵明岳父吴愈的。

高木西風落葉
時一襟業葉坐
遲、間披秋水末
終卷心與天遊
誰得知沈周圖

自适与潇洒的诗境：
沈周的题画诗

＿＿金钟泰

韩国古典翻译院研究员。曾参与翻译朝

鲜高宗朝、仁祖朝、英祖朝《承政院日记》，

译著有《青城杂记》《名贤简札》等。

＿＿文章出处

《자적（自適）과 소쇄（蕭灑）의 시경（詩境）， 심주（沈
周）의 제화시》，"문헌과 해석"（《文献与解释》）第
81 辑，2017 年，第 113—148 页。

＿＿译者简介

许放，韩国首尔大学博士，现为温州大学人文学院讲师。

2016 年 12 月，笔者游览了苏州东山。虽未找到与谢安有关的古迹，但却看到了很多枇杷园，以及专门售卖枇杷花的路边小店。对我来说充满异国风情的枇杷，在这里却是寻常之物。笔者两年前探访沈周墓的时候，曾经看到墓园附近生长的白菜，与沈周所画毫无二致。通过这些经历，我知道了沈周的创作对象都是日常生活中随处可见的事物。

笔者曾经写过一篇文章，介绍了沈周的生活和艺术创作空间——有竹居。为了更加深入地理解沈周的艺术世界，本文准备对他的题画诗进行介绍与赏析[1]。

沈周（1427—1509），与文徵明、唐寅、仇英并称明代四大家。他是师宋代米芾和元代倪瓒、黄公望、吴镇之画风的集大成者，作品融诗、书、画为一体，取得了极高的艺术成就。沈周的书法学黄庭坚，寓奇崛之势于平淡之中。沈周的作品大致可以分为山水和写生两大类，都具有极其鲜明的个人特点。本文将要介绍两件作品：一是台北故宫博物院藏《写意册》，二是故宫博物院藏《卧游图册》。之所以做出这样的选择，是因为这两本画册的画作、诗文、书法都达到了相得益彰、浑然一体的艺术境界。与这两件作品不同的是：《写生册》仅有画作而没有题画诗，《幽居图》和《魏园雅集图》这类作品的赏析还需要深入了解其创作背景[2]。

《写意册》与《卧游图册》的诗与画紧密地结合在一起。如果把画看作主体，就可以把诗称为题画诗。但是从诗的角度来看，作者的人生观与感情都融汇于其中，甚至让人感觉画作已经成为插画。换言之，作者通过诗来加深画的意境，通过画来实现诗的升华。沈周不仅在诗、书、画等方面都达到了极高的艺术水平，还把三者紧密地结合在一起，在赏析这些作品时有必要特别留意这一点。笔者在用韩文翻译其题画诗时，认识到沈周在诗歌创作方面也达到了极高的艺术境界。但是，韩国学界还没有对这些题画诗进行译介，中国关于此方面的研究论文也不多见。笔者希望通过这篇论文，让读者们感受到沈周的诗与画是多么紧密地结合在一起。

一、《写意册》的题画诗

《写意册》共16开，包括山水小品7开、写生9开[3]。题画诗与画作的幅面大小相当，体裁以绝句为主，兼有词和律诗。为了与画作的韵致相呼应，本文特在作品下附简短的说明与赏析。

> 第一首《夕照咏归》[4]："野岸饶杂木，溪清乱石露。何叟独握杖，平圮迁晚步。鲜飙吹轻裾，夕照随鸟度。咏归人不知，与物聊自遇。"

这是能够奠定画册整体基调的优秀作品，画出了像孔子那样在晚春沐浴春风、吟咏诗歌而归的样子。日落之时的天地万物都显露出了本来的面貌，这与怡然自得的诗人情操巧妙地结合在一起。画中拄杖过桥的行人是不是有竹居的沈启南先生呢？

> 第二首《钓翁》："一竹自入手，江湖在竹中。无人知此意，持去问渔翁。"

因为不再迷恋尘世而隐居田园，反而得以接近此前难以发现的世界。画中有自古以来就象征着隐者的渔夫以及渔夫的标志——钓竿，将这些与江湖之乐相联系，画家果然有隐者之风。

第三首《石榴》："古锦囊中物，千珍与万珍。凭君莫轻视，天地养其仁。"

沈周在《写生册》的跋文中写道："我于蠢动兼生植，弄笔还能窃化机。明日小窗孤坐处，春风满面此心微。"难道这是用画笔画出的一篇跋文吗？

第四首《鸠鸟》："一月厌久雨，科头眠竹楼。枕痕犹未熨，苦苦又啼鸠。"（图10.1）

在鸠鸽科鸟类中，有斑鸠这一种类。因为人们相信斑鸠鸣叫就会下雨，因此也把它称作"唤雨鸠"。在漫长的梅雨季节中，难得迎来晴朗的一天，但小睡起来又听到了斑鸠的叫声。夏季里令人厌烦的斑鸠声，都被生动地表现在了这幅画里。

第五首《树下独亭》："落落数株树，萧萧一个亭。亭空人不到，辜负四山青。"

在大树下画上一座空亭，包含着期待朋友来访的深意。这座亭子与《有竹庄中秋赏月》中的亭子相似，那时还有美酒与亲朋，现在却空空如也。

第六首《枇杷》："谁将金弹子，瞥眼阁高枝。野鸟不敢下，避飞还自疑。"

笔者曾经到过苏州的东山，那里漫山遍野都是枇杷园。虽然这是当地的寻常之物，但通过画作来观赏却充满新意，再用题画诗加以补充，仿佛给水墨枇杷附上了金色。

第七首《白菜》："公宜休之拔，汪信民之咬。咬以自励，拔于俗矫。吾不能优劣其间，惟是一啜一饱。"（图10.2）

图 10.1　沈周　《写意册》之"鸠鸟"　明　纸本水墨　纵 30.4 厘米，横 53.2 厘米　台北故宫博物院藏

图 10.2　沈周　《写意册》之"白菜"

　　此处的"公宜休"是"公仪休"之误。因为姓公仪名休，所以又称公仪子。公仪休是鲁缪公时的宰相，以严于律己闻名，事见《史记·循吏列传》和《孟子·告子》。有一次，公仪休拒收了他人赠送的鲜鱼。他说自己身为宰相，有能力自己去买鲜鱼。如果收受他人的馈赠，就会因受贿罪而被罢免，那么还会有人送鱼吗？还有一次，公仪休吃过蔬菜以后感觉非常可口，问过之后，才知道是在自己的田地里种出来的。而这会侵害了农夫的利益，就命人把地里的蔬菜全都拔掉了[5]。在《小学·善行》中，汪信民说："人常咬得菜根，则百事可做。"[6]洪自诚《菜根谭》一书的题目正是源于这句话。

　　与严斥歪风的宰相公仪休、严于律己的儒者汪信民不同，身为处士的沈周认为自己能够随心所欲地享受生活。但是，白菜这个主题已经暗示了"节制"这一哲学命题了。

第八首《孝乌》："君家有乔木，慈乌来上栖。家中生孝子，哑哑为人啼。"（图10.3）

据说乌鸦在哪一家的树上筑巢，这家就会生下孝子。这种对乌鸦的看法，正好与韩国相反。如果没有这首题画诗，读者们会如何理解这幅画呢？

第九首《仿米山水》： "老米呼不出，云山千万重。我生百世后，墨沉见秋容。"

笼罩群山的云雾与米点皴法，是米芾山水画的特点。这首题画诗告诉读者这幅画描绘的是秋天，而非夏天，当然还有米芾山水画的秘密。董其昌在《论画》中提道："米南宫，襄阳人。自言从潇湘得画境，已隐京口。南徐江上诸山，绝类三湘奇境。墨戏长卷，今在余家。余洞庭观秋湖暮云良然，因大悟米家山法。"[7]

第十首《芙蓉》："秋冷江空处，孤芳不及时。还如老溪叟，默默有谁知。"（图10.4）

鲜花虽然美丽，但是开在江边空地，就像山谷中的幽居老人一样。诗中虽然说"默默有谁知"，但是把自己描写为山居老人的沈周，不也在表现自己的心满意足吗？韩国一般把莲花称作芙蓉，但这幅画里朴素而美丽的芙蓉，是另外一个种类。

第十一首《红柿》： "一颗压霜枝，红鲜味更滋。渴喉思快啖，还润我诗脾。" （图10.5）

霜降时节的红柿堪称美味。吃上一口红柿果肉，香甜的果汁就会溢满口中。这本画册中的题画诗，也有着与红柿一样的"诗心"。

第十二首《长松》："长松不易写，松高笔未高。偃枝聊月下，略略试秋毫。"

在月光之下延展的松枝，据说是很难用画笔来表现的。因此，很少有人知道皎皎月光之下老松的韵致。虽然画面的空间较为狭窄，但画家通过覆满青苔的松根和松萝、藤蔓，形象地表现出了老松的苍劲姿态。

第十三首《鸡冠花》："闲庭有奇草，花却类鸡冠。破晓不能唱，低头露未干。"（图10.6）

一般来说，花在凌晨时分是最美丽的。鸡冠花的花冠比较重，因此会倾斜下折。画家关注到这一特征，画中的鸡冠花，在凌晨也不"啼叫"，还做出了低头的姿态，别有一番妙趣。

第十四首《扁舟晚泊》："扁舟度江去，其如日晚何。对眠双白鸟，飞起竹枝歌。"

竹枝歌一般以乡土风俗或男女恋情为主要内容。正在打瞌睡的两只小鸟，被旅人的声响惊扰而高高飞起，边飞边叫，以此来表达互相关心。满心惆怅的旅人却感到更加孤独，这样的诗境让画境更加悠远。

第十五首《雪里买酒》："压雪不开门，琼林自一村。小桥流水外，点冻买双尊。"

图 10.3　沈周　《写意册》之"孝乌"

图 10.4　沈周　《写意册》之"芙蓉"

图 10.5　沈周　《写意册》之"红柿"

图 10.6　沈周　《写意册》之"鸡冠花"

这幅画如果没有题画诗，我们怎么能联想到在大雪之日温酒而饮的乐趣呢？所以，诗歌给画作带来了生机。

　　　　第十六首《梦中梦》："庄生苦未化，托此梦中蝶。我画梦中梦，
　　浮世寓一羼。"

这幅画以《庄子·齐物论》中的蝴蝶梦为主题，是关于庄子在梦中化为蝴蝶后重新审视人生的故事。庄子在恍惚间进入梦境，身前飞来飞去的蝴蝶正是他在梦中化作的蝴蝶。当时庄子在蝴蝶山蝴蝶洞中过着窘迫的生活，蝴蝶梦当然是这一现实的反映，但这幅画与题画诗却像一个童话故事一样出现在读者面前。

二、《卧游图册》的题画诗

《卧游图册》共19开，包括山水小品9开、写生10开。第一开有楷书"卧游"二字标题，书法苍劲有力。第十九开有沈周所撰跋文，共68字。其他十七开为画作，在上端或左右的留白处写有题画诗。画册每一开的沈周题名之下均钤"启南"印。

从绘画的水平来看，《卧游图册》优于《写意册》。甚至让人怀疑《写意册》是否为真品，可惜台北故宫博物院的图录中并未论及真伪问题。但从诗作的内容来看，如果不是沈周，恐怕很难写出来。

　　　　第一首《仿米山水》[8]："云来山失色，云去山依然。野老忘得丧，
　　悠悠挂杖前。"（图10.7）

这幅画与《写意册》第九开相似。《写意册》第九开是水墨画，这幅是设色画。江边树上的红叶，告诉我们这是一幅秋景图。这幅图中虽然没有人物或小桥等点景元素，却

让人感觉身旁仿佛站着一位拄杖老人。

第二首《平坡散牧》："春草平坡雨迹深，徐行斜日入桃林。童儿
放手无拘束，调牧于今已得心。"（图 10.8）

桃林即今天的潼关，周武王灭商以后曾在这里把牛放归田野。据《尚书·武成》载，周武王为了昭示天下今后不再使用武力，在华山南麓、桃林等地把马和牛都放归田野[9]。这幅画中的黑牛在中国并不鲜见，不设缰绳，任由它在肥沃的田野里昂首前行，仿佛就要走进桃林一样。

第三首《栀子花》："花尽春归厌日迟。玉葩撩兴有新栀。淡香流
韵与风宜。帘触处，人在酒醒时。　生怕隔墙知。白头痴。老子折斜枝。
还愁零落不堪持。招魂去，一曲阕，小山词。右词寄小玉山。"

从图中原文可以看出，"生"字前有一空格。以此为基准，可以把这首词分为上阕和下阕，其韵脚与字数也是相对应的。第三句的含义有些难解，所以参考下阕进行如上的句读。这首词的形式稍有特殊，总体感觉就是在酒醒之际，微风透过珠帘，送来了阵阵栀子花香。汉淮南王刘安有一个门客群体称作淮南小山[10]，他们同情楚国的屈原，曾作《招隐士》一诗，称之为"小山曲"，其内容主要是希望深山里的隐士们能够出仕。此处的"小玉山"指代何人不详。

这首诗应该是老人折下一枝栀子花后，生出怜惜之情。花魂虽然无法招回，却仿佛藏在了画中。这首词可与《竹窗》《有竹庄中秋赏月》《夜坐记》等诗文并置一起，皆为沈周的诗词名篇。

第四首《杏花》："老眼于今已敛华，风流全与少年差。看书一向

图10.7　沈周　《卧游图册》之"仿米山水"　明
纸本设色　纵27.8厘米，横37.3厘米　故宫博物院藏

图10.8　沈周　《卧游图册》之"平坡散牧"

模糊去，岂有心情及杏花。"

　　年纪越大，对鲜花和新芽的敏感性就会越来越高。如果画家的感情没有倾注在杏
花之上，古木上怎能开出华丽的杏花？

　　　　第五首《芙蓉》："芙蓉清骨出仙胎，褚玉玲珑轧露开。天亦要妆

　　秋富贵，锦江翻作楚江来。"（图10.9）

　　锦江是流经今天四川成都平原的一条江。楚江是流经古代楚国的一条江，相当于
今天的长江下游，沈周所生活的长洲就在这个区域。牡丹本是楚地所产，在武则天的支
持下，于洛阳进行了大规模的栽培，最终普及全国[11]。在转句中，芙蓉被称为"秋富贵"。
一般来说，牡丹才是富贵的象征。结句可以理解为：在锦江流域生长的牡丹，在长洲变
身为芙蓉而盛开。

　　　　第六首《蜀葵》："秋色韫仙骨，淡姿风露中。衣裳不胜薄，倚向

图 10.9　沈周　《卧游图册》之"芙蓉"

图 10.10　沈周　《卧游图册》之"蜀葵"

石阑东。"（图 10.10）

葵花的种类非常多，画中的这种在韩国被称为蜀葵，在制作韩纸时，常常作为纤维凝结剂使用。画中黄蜀葵的黄色叶子轻薄柔软，在微风的吹拂下斜倚在石栏之上。

　　第七首《枇杷》："弹质圆充饥，蜜津凉沁唇。黄金作服食，天亦寿吴人。"

把浑圆的枇杷果比喻为弹丸，把打开以后的果肉比喻为嘴唇[12]。在用五绝写成的诗中，结满枝头的枇杷果与被压断的枇杷枝相映成趣，是一幅极富生活美感的作品。这幅作品与《写生册》中缩成一团的猫相似，画家能把事物的勃勃生机巧妙地表现在画笔之下。

　　第八首《菜花》："南畦多雨露，绿甲已抽新。切玉烂蒸去，自然便老人。"

　　无论是在油中翻炒后食用，还是与刀削面一起煮熟后食用，白菜都会给人清爽可口的感觉。中国有很多优秀的雕刻作品也像这幅画一样，把常见的素材表现得极富艺术格调。现在生活在苏州一代的人们，还会在田地里种植这种画中的白菜。

　　　　第九首《石榴》："石榴难擘破，群非露人看。不是无藏韫，平生想怕瞒。"（图 10.11）

　　"藏韫"一词出自子贡问孔子为何有治国之才却不出仕的典故[13]，即胸怀锦绣，期待君主礼贤下士。怀玉之人害怕被别人发现，就像石榴害怕被人发现而用厚厚的果皮把果实包裹起来一样。画家似乎在通过这句话警诫自己，在隐居时不应该贪图虚名。

　　　　第十首《秋江钓艇》："满池纶竿处处缘，百人同业不同船。江风江水无凭准，相并相开总偶然。"（图 10.12）

　　画中表现的是，苏州附近湖泊中常见的钓船正在随风摇荡。在这样的画面中，了无牵挂的舒适生活和自由自在的情绪都被充分地表现出来。

　　　　第十一首《仿吴镇山水》[14]："淡墨疏烟处，微踪仿佛谁。梅花庵里客，端的认吾师。"

　　梅花庵是元末四大家之一吴镇（1280—1354）的寓所，因此他自号梅花道人。众所周知，沈周在晚年极其推崇吴镇。这幅作品在风格上也接近吴镇，树木的明暗对比非常鲜明，整幅画的基调比较沉郁。吴镇平生隐居不出，诗、书、画皆有所长，也许是因为他全面地继承了文人画的创始者——董源、巨然的画风。

第十二首《江山坐话》："江山作话柄，相对坐清秋。如此澄怀地，西湖忆旧游。"（图 10.13）

在秋高气爽之日，与三五知己坦然安坐，畅谈人生，此乐何极？沈周正是把这一场景表现在了画纸之上。从亭子中走出来，端坐石上更是野趣横生。沈周也一定曾经沉醉于西湖的美景吧。

第十三首《仿云林山水》："苦忆云林子，风流不可追。时时一把笔，草树各天涯。"（图 10.14）

云林是倪瓒（1301—1374）的号。倪瓒品性高洁，曾建藏书楼"清閟阁"。在元末动乱之时，将全部家产散给同族，然后泛舟太湖，过起了放浪江湖的生活[15]。这幅画以倪瓒最喜画的大江为背景，加上几株疏木，如同诗中所写，它们都孤独地仁立于天地之间。

第十四首《雏鸡》："茸茸毛色半含黄，何独啾啾去母傍。白日千年万年事，待渠催晓日应长。"

小鸡雏一般都在春季孵化，这只雏鸡长大后在凌晨唱晓的时候，应该会有很多农活吧。

第十五首《秋柳鸣蝉》："秋已及一月，残声绕细枝。因声追尔质，郑重未忘诗。"

听到蝉鸣，就会想起蝉的品质，就会不自觉地正襟作诗。晋代的陆云认为蝉有五

图 10.11　沈周　《卧游图册》之"石榴"

图 10.12　沈周　《卧游图册》之"秋江钓艇"

图 10.13　沈周　《卧游图册》之"江山坐话"

图 10.14　沈周　《卧游图册》之"仿云林山水"

德，即文、清、廉、俭、信。与上一首《雏鸡》相似，沈周擅长给不起眼的事物赋予积极的意义，以此来唤起读者的仁者之心。

　　第十六首《雪江渔夫》："千山一白照人头，蓑笠生涯此钓舟。不识江湖风雪里，可能干得庙堂忧。"

　　范仲淹在《岳阳楼记》中提到在庙堂之中"先天下之忧而忧"。但是画中的渔夫平生隐居在江湖之中，为什么会有庙堂之忧呢？

图 10.15　沈周　《卧游图册》之"秋山读书"

第十七首《秋山读书》："高木西风落叶时，一襟萧爽坐迟迟。闲披秋水未终卷，心与天游谁得知。"（图 10.15）

在秋水边悠闲地读书，沉醉于秋天的美景之中。就算不能达到上一幅画中渔夫的境界，至少也是想把大部分的尘世欲望都抛到九霄云外吧。最后《跋》云：

宗少文四壁揭山水图，自谓卧游其间。此册方可尺许，可以仰眠匡床。一手执之，一手徐徐翻阅，殊得少文之趣，倦则掩之，不亦便乎？于揭亦为劳矣。真愚闻其言，大发笑。沈周跋。

这篇跋文说道：宗少文[16] 曾在家中四壁悬挂山水画，要卧游其中。这本画册的长宽均在一尺左右（约33厘米），可以卧床赏鉴。一手拿住画册，一手慢慢翻阅，可以享受同宗炳一样的雅趣。疲倦之时，即可掩卷而睡，实在是方便至极。把画悬挂在墙壁上，也是一件烦琐的事情。真的愚者听到这句话，也一定会大笑一声吧。

如果画册仅是画作，很快就能看完。正是因为有了题画诗，才可以反复吟咏回味。

三、自适与潇洒的诗境

从《诗意册》与《卧游图册》的绘画表现来看，两者的创作年代应该有较大的差异。但这两本画册所载题画诗的水准并无较大差别，其内容也与沈周的人生观紧密结合在一起。并且体裁相同，结构也十分类似。

这两本画册所反映出的都是隐居于田园之中，过着悠然自得的生活，同时探求隐藏在事物之中的自然和人生哲理。本文的题目与画册内容紧密相关，《诗意册》第一首题画诗《夕照咏归》中有"自遇"一词，笔者将其改为读者更加熟悉的"自适"；《卧游图册》最后一首题画诗《秋山读书》中有"萧爽"一词，笔者将这个词改为读者更加熟悉的"潇洒"。巧合的是，这两个词分别出现在两本画册的开头与结尾部分，可以看作是两部作品一以贯之的基调。

从画册内容来看，沈周过着与世无争的隐居生活，其作品所表现的也是隐逸的主题。正如本文中赏析所见，沈周的绘画素材都是那个时代的寻常之物。也许可以这样说，在为人所熟知的素材之上，进行一点艺术加工，再加上一点画家的思考，就有了这样的画册。当然，这"一点"非常关键。只有经过长期的学术积累，像享受生活一样享受艺术，才能让日常生活中的素材变身为散发着艺术气息的作品。总之，沈周能够让弥漫着烟火气的事物升华为香气氤氲的仙境之物。这样的艺术创作态度，能给从事学术研究或艺术创作的人们带来极大的启发。

笔者曾在2015年秋季探访沈周曾经生活的地方及其墓园。他的墓碑上刻着"明沈公启南处士之墓"九个大字，那时我突然想到：沈周应该是慎重的陶渊明，陶渊明则是豪放的沈周。两位古人虽然都生活在田园之中，与普通人的区别就在于他们的生活中有着文学、书画等滋养的文化格调，因此能做到"结庐在人境，而无车马喧。问君何能尔？心远地自偏”。另外，与文徵明相比，沈周的性格似乎更加宽厚。通过沈周的诗可以看出，他虽然也有苛刻、晦涩等独特的文人气质，但这是他一生追求书画艺术极致的表现。本文所介绍的画册也是如此，画面看起来十分简洁，题画诗也像是率性而为，但是仔细玩味的话，就能体会到其真挚与深刻的一面。这样的诗作是建立在深厚学术积累之上的情感流露，能让人感受到沈周艺术的厚重感。

　　笔者原本想要更加广泛地阅读沈周的诗作，撰写一篇更具深度的论文，但是尚未能如愿完成。权且把本文当作中期报告，期待与各位读者相约下一篇文章。

（宗千会审校）

注释：

　　1　本文初稿曾在“文献与解释”读书会（2015年7月17日）上宣读，后经修改与补充。有关有竹居的拙作为：《青竹绿水之间的沈周有竹居》，《文献与解释》第71辑，2015年。

　　2　《中国好丹青：沈周》（四川美术出版社）和《顶级书画名家杰作复制：沈周》所收的沈周作品就属于这一类别。

　　3　根据《明四大家特展：沈周》的图录，这本画册原为蝴蝶装，后改为推篷装。即：原来前画后诗的蝴蝶装，被改为上诗下画的推篷装。推篷装在韩国并不多见，常见于较长的画作或扇面的装帧。如果像画册一样，以上诗下画的方式排列，空间就会变得狭窄，画作就会随之变小。

　　4　这幅画原无题，《明代吴门绘画》（故宫博物院编）所收《卧游图册》的个别作品有题，因此笔者也给这幅画加上了题目。

　　5　《史记·循吏列传》："客有遗相鱼者，相不受。客曰：'闻君嗜鱼，遗君鱼，何故不受也？'相曰：'以嗜鱼，故不受也。今为相，能自给鱼。今受鱼而免，谁复给我鱼者？吾故不受也。'食茹而美，拔其园葵而弃之。见其家织布好，而疾出其家妇，燔其机。云：'欲令农士工女安所雠其货乎？'"

　　6　《小学·善行·实敬身》："汪信民尝言：'人常咬得菜根，则百事可做。'胡康侯闻之，击节叹赏。"

　　7　这段文字又见载于董其昌《容台集》和卞永誉《式古堂书画汇考》。

8　有关这幅画的分析，详见朴恩和：《沈周的〈写生册〉〈卧游图册〉和文人花鸟画》，《讲座美术史》第 39 号。

9　《尚书·周书·武成》："厥四月哉生明，王来自商，至于丰。乃偃武修文，归马于华山之阳，放牛于桃林之野，示天下弗服。"

10　根据王逸《招隐士·序》的记载，就像《诗经》有"大雅"和"小雅"之分，当时淮南王刘安的八位门客也被称作"大山"或"小山"。

11　车天辂《五山说林草稿》："唐之牡丹，来自西蜀。武后时始盛于中国，明皇初植于禁中，所谓木芍药也。"

12　编者按：原文将《枇杷》断为三字句，故阐释略有偏差。

13　《论语·子罕》："子贡曰：'有美玉于斯，韫椟而藏诸？求善贾而沽诸？'子曰：'沽之哉？沽之哉？我待贾者也。'"

14　此页在《明代吴门绘画》中定题为"秋景山水"。为了与其他作品相区别，笔者修改了该题目。

15　参见拙作《倪瓒的空亭》，《文献与解释》第 72 辑，2015 年。

16　"少文"是宗炳（375 － 443）的字，他是南朝宋时的隐士，遍游名山大川。年老之后，在家中四壁悬挂山水画作，在其间享受"卧游"之乐。

附录
海外沈周研究论著简目

一、英文

1. Gustav Ecke：《吴门雪景》,《华裔学志》第3辑第2期, 1938年。

2. Richard Edwards（艾瑞慈）:《石田：沈周艺术研究》, 哈佛大学博士学位论文, 1953年。弗利尔美术馆1962年出版。

3.Richard Edwards（艾瑞慈）:《沈周与文人传统》,《美学和艺术批评杂志》第24辑第1期, 1965年。

4.Esther Jacobson-Leong：《沈周画作中的空间与时间》,《艺术杂志》第36辑第4期, 1977年。

5.James Cahill（高居翰）:《明代初期和中期绘画（1368-1580)》,《天气之丘》(*New York: Weatherhill*), 1978年。

6.Kathlyn Maurean Liscomb（李嘉琳）:《明初画家：沈周的前辈与师长》, 芝加哥大学博士学位论文, 1984年。

7.Hou- mei Sung Ishida（宋后楣）:《明初南京画家与吴门画派的形成》,《东方艺术》第17辑, 1987年。

8.Jen- Mei Ma：《沈周的山水风景画》, 堪萨斯大学博士学位论文, 1990年。

9.Kathlyn Maurean Liscomb（李嘉琳）:《沈周所藏明初绘画与吴派折中复古主义渊源》,《亚洲艺术》第52辑第3期, 1992年。

10.Kathlyn Maurean Liscomb（李嘉琳）：《夜晚静坐的力量：沈周〈夜坐图〉》，《纪念系列》第43辑，1995年。

11.Chi-ying Alice Wang：《再访沈周：诗人、画家、学者、读者》，印第安纳大学博士学位论文，1995年。

12.Kathlyn Maurean Liscomb（李嘉琳）：《社会地位与艺术收藏：沈周与王振的收藏》，《艺术公报》第78辑第1期，1996年。

13.Joan Stanley- Baker（徐小虎）：《认识沈周鉴别中的方法论问题：一项正在推进的工作》，《东方艺术》第55辑第3期，2005年。

14.Ann Elizabeth Wetherell：《观鸟：沈周禽鸟绘画中的儒家想象》，俄勒冈大学博士学位论文，2006年。

15. Mark Sullivan（苏利文）：《距离的礼物：作为一种灵感来源的中国山水画》，《西南评论》第92辑第3期，2007年。

16.Wan- go Weng（翁万戈）：《沈周〈苏台纪胜〉：一件广为传摹画作的鉴赏意见》，《东方艺术杂志》第38辑第3期，2007年。

17.Chun- yi Lee：《不朽的笔触：道家思想与沈周的绘画作品》，亚利桑那州立大学博士学位论文，2009年。

18.You LI（李铀）：《南派之外：宋明学院绘画和浙派对沈周山水画的影响》，香港科技大学硕士学位论文，2013年。

19.Peter C. Sturman（石慢）：《传布〈落花〉：沈周晚年书风之复制与形塑》，《清华学报》（台北）第40辑第3期，2010年。

20.Peter C. Sturman（石慢）：《展现死亡：沈周的〈落花〉组诗》，《中国艺术与文化》第2辑第1期，2015年。

21.Lihong Liu：《明代中期苏州山水画中的小路、地方、步调》，《芝加哥期刊（人类学与美学版）》第67—68辑，2017年。

（倪晨、郭启冉编）

二、日文

1.驮荡子：《沈石田的墨鹭》，《绘画丛志》(59)，东洋绘画事务所，1892年。

2.大村西崖：《(略解)沈周风树图》，《国华》(256)，国华社，1911年。

3.兰庄生：《明代大家沈石田》，《南宗画志》(5)，中央南宗画会事务所，1914年。

4.横川毅一郎：《中国画家传2：沈石田》，《中央美术》(128)，中央美术社，1926年。

5.今关天彭：《沈石田事迹》，《国华》(457—458)，国华社，1928—1929年。

6.米泽嘉圃：《沈周仿云林山水图解》，《国华》(465)，国华社，1929年。

7.大川逞一：《关于沈石田的研究》，《南画鉴赏4》(9—10)，南画鉴赏会，1935年。

8.泷：《沈石田作赠吴宽行画卷解》，《国华》(545)，国华社，1936年。

9.原田尾山：《沈石田九段锦画册》，《古美术》(139)，宝云社，1942年。

10.米泽：《(图版解说)中村準策氏藏沈周江山秋色图》，《美术研究》(136)，美术研究所，1944年。

11.青木正儿：《沈石田与文徵明》，《中华文人画谈》，弘文堂，1949年。

12.米泽嘉圃：《沈周吴中胜览图》，《国华》(750)，国华社，1954年。

13.角川源义：《沈石田与唐俑》，《日本文化财》(22)，奉仕会出版部，1957年。

14.吉川幸次郎：《沈石田——城市文化人的源流》，《朝日杂志》2(17—19)，朝日新闻社，1960年。

15.铃木敬：《沈周·古松图》，《国华》(834)，国华社，1961年。

16.田中丰藏：《沈周江山秋色图》，《中国美术研究》，二玄社，1964年。

17.山内四郎：《沈周传小考》，《白山史学》(11)，白山史学会，1965年。

18.青木正儿：《明代苏州文坛》，《立命馆文学》(245)，立命馆大学人文学会，1965年。

19.米泽嘉圃：《沈周溪山秋色图卷》，《国华》(894)，国华社，1966年。

20.米泽嘉圃：《沈周画二种——夜坐图・仿大痴山水图》，《国华》(904)，国华社，1967年。

21.增田洋：《沈周七星桧书画图画卷》，《美之极》(52)，大阪市立美术馆，1968年。

22.鹤田武良：《沈周菊花文禽图》，《美之极》(56)，大阪市立美术馆，1969年。

23.吉川幸次郎：《元明诗概说》第五章，《吉川幸次郎全集》第15卷，筑摩书房，1969年。

24.藤原楚水：《沈周书法》，《图解书法史》第4卷，省心书房，1972年。

25.陈舜臣：《中国画家传(12)沈周〈芙蓉图〉》，《艺术新潮28》(12)，新潮社，1977年。

26.中央公论社：《文人画粹编》第4卷《沈周・文徵明》，中央公论社，1978年。

27.泽田雅弘：《沈周与吴宽——在吴中的交往》，《大东文化大学中国学论集》(24)，大东文化大学文学研究科中国学专攻院生研究会，1979年。

28.内山知也：《沈周的生涯和"幽忧不平之志"》，《文艺言语研究・文艺篇》(5)，筑波大学，1980年；又载于《明代文人论》第3章，木耳社，1986年。

29.Carpenter Bruce E.：《画家中的诗人：沈周》，《帝塚山大学论集》(28)，帝塚山大学，1980年。

30.中村茂夫：《沈周：人与艺术》(大手前女子大学研究报告1)，文华堂书店，1982年。

31.中川宪一：《沈周、文徵明的绘画：论倪瓒风格的继承》，大阪市立美术馆编：《明清的美术》，平凡社，1982年。

32.山本六郎：《描绘山水2：沈石田笔记》，《季刊南画》(2)，日贸出版社，1983年。

33.中村茂夫：《沈周与李杰——围绕沈周〈山水卷〉(黑川古文化研究所藏)》，《大手前女子大学论集》(18)，大手前女子大学，1984年。

34.刘梅琴：《沈周的隐逸生活及其艺术》，《艺丛：筑波大学艺术学研究志》(10)，筑波大学艺术学系艺术学研究室，1994年。

35. 刘梅琴：《沈周的绘画及其艺术思想》，筑波大学博士学位论文，1995年。

36. 小川裕充：《中国山水画百选79：沈周〈庐山高图〉》，《东方》(184)，东方书店，1996年。

37. 小川裕充：《中国绘画的转折点：明 沈周 庐山高图》，《故宫博物院4：明代绘画》，日本放送出版协会，1998年。

38. 大槻幹郎：《沈周》，《文人画家之谱：从王维到铁斋》，ぺりかん社，2001年。

39. 寺田隆信：《沈周小传——关于市隐的生活方式》，《东北大学东洋史论集》(10)，东北大学东洋史论集编辑委员会，2005年。

40. 和泉ひとみ：《沈周诗小记——论典故在古语中的运用》，（森濑寿三教授退休纪念号），《关西大学中国文学会纪要》(28)，关西大学中国文学会，2007年。

41. 小川裕充：《改变历史的书画15：从时代风格到个性表达：沈周〈庐山高图〉》，《书画欣赏》(48)，可成屋，2007年。

42. 和泉ひとみ：《沈周诗的表达》，《明人及其文学》，汲古书院，2009年。

43. 大野修作：《文徵明沈周书画合卷：清国墨眇亭旧藏罗振玉题：沉睡的杰作》，艺术人生社，2013年。

44. 井波律子：《沉着悠然的"市隐者"——沈周》，《变革与激荡的时代：明·清·近现代》，岩波书店，2014年。

45. 和泉ひとみ：《沈周对苏轼的接受：以钱谦益的评论为中心》，《关西大学中国文学会纪要》(37)，关西大学中国文学会，2016年。

46. 都甲さやか：《沈周与文徵明的师徒关系：论文徵明〈松壑飞泉图〉（台北故宫博物院）中对王蒙的接纳》，《大和文华》(130)，大和文华馆，2016年。

47. 鹫野正明：《论明代沈周的落花诗——一大风流韵事开端的十首诗》，《国士馆人文科学论集》(2)，国士馆大学大学院人文科学研究科编集委员会，2021年。

（程博悦编）

三、韩文

1. 林贤淑：《庐山图研究：以沈周的〈庐山高图〉为中心》，诚心女子大学硕士学位论文，1993年。

2. 郑镇龙：《吴派画坛沈周和文徵明的山水画研究》，弘益大学硕士学位论文，1999年。

3. 朴善雅：《关于沈周绘画的传统与创新研究》，檀国大学硕士学位论文，2000年。

4. 金信永：《明代石田沈周的仿古绘画研究》，弘益大学硕士学位论文，2002年。

5. 金升姬：《中国绘画中的仿作研究：以沈周仿画为中心》，成均馆大学硕士学位论文，2005年。

6. 崔普庆：《明代石田沈周的绘画世界研究：以诠释自然为中心》，启明大学硕士学位论文，2006年。

7. 金信英：《明代石田沈周的仿古绘画研究：以元四大家为中心》，《艺术史研究》第21辑，2007年。

8. 刘顺英：《朝鲜时代文人对明代画家沈周的认识》，《文献与解释》第47辑，2009年。

9. 李炫一：《〈落花诗〉系谱》，《大东文化研究》第69辑，2009年。

10. 朴恩和：《沈周的〈写生册〉〈卧游图册〉和文人花鸟画》，《讲座美术史》第39辑，2012年。

11. 刘顺英：《吴门画派别号图整体研究》，《美术史》第27辑，2013年。

12. 许英桓：《韩中名画鉴赏：明代沈周的〈庐山高图〉》，《文献与解释》第71辑，2015年。

13. 金钟泰：《青竹绿水之间的沈周有竹居》，《文献与解释》第71辑，2015年。

14. 金钟泰：《自适与潇洒的诗境：沈周的题画诗》，《文献与解释》第81辑，2017年。

（宗千会编）

图书在版编目（CIP）数据

耕石他山：海外沈周研究论文集 / 汤志波主编. --
北京：人民美术出版社，2023.2
ISBN 978-7-102-09059-7

Ⅰ.①耕… Ⅱ.①汤… Ⅲ.①沈周（1427-1509）—
人物研究－文集 Ⅳ.①K825.72-53

中国版本图书馆CIP数据核字(2022)第205958号

耕石他山：海外沈周研究论文集
GENG SHI TA SHAN： HAIWAI SHEN ZHOU YANJIU LUNWENJI

编辑出版　人民美术出版社
　　　　　（北京市朝阳区东三环南路甲3号　邮编：100022）
　　　　　http://www.renmei.com.cn
　　　　　发行部：（010）67517799
　　　　　网购部：（010）67517743
主　　编　汤志波
责任编辑　徐　见
封面设计　王　珏
版式设计　翟英东
责任校对　魏平远
责任印制　胡雨竹
制　　版　朝花制版中心
印　　刷　北京印刷集团有限责任公司
经　　销　全国新华书店

开　本：710mm×1000mm　1/16
印　张：15.75
字　数：167千
版　次：2023年2月　第1版
印　次：2023年2月　第1次印刷
印　数：0001—2500册
ISBN 978-7-102-09059-7
定　价：88.00元

如有印装质量问题影响阅读，请与我社联系调换。　（010）67517850